中小企業経営者のための賃金戦略

山崎隆延
YAMAZAKI TAKANOBU

幻冬舎 MC

中小企業経営者のための賃金戦略

はじめに

２０２３年３月から有価証券報告書の提出義務をもつ約４０００の企業は、人的資本に関する情報開示が義務化されています。これにより、企業は女性管理職比率や男性の育児休業取得率、男女間賃金格差などの情報を公開しなければならなくなりました。

人的資本とは、モノ・カネのようにヒトを資本としてとらえる考え方を指します。企業にとって、従業員一人ひとりのもつ知識・能力・経験は、新たな付加価値を生み出す貴重な源泉です。そのように人材を資本としてとらえ、その価値を最大限に引き出すことで、中長期的な企業価値の向上につなげる経営のあり方を人的資本経営といいます。

人的資本に関する情報開示が企業に求められるようになった背景には、人的資本がその企業の将来性を見る際の新たな評価基準になってきたことがあります。

かつては業績、設備投資力、新規事業開発などから企業の将来性を判断するのが一般的でした。しかし、近年はブランド価値や技術力、組織力、人材など、これまで数字に表しにくかった企業資産の重要性が高まっています。知的財産の情報開示は一定程度進んできたなかで、人材に対する情報開示が新たにフォーカスされてきているのです。

こうした潮流を背景に、社員の働き方や雇用環境も大きく変わりつつあります。社員一人ひとりの専門的な知識・能力・経験がより重視されるようになり、雇用形態もこれまでの終身雇用を中心としたメンバーシップ型雇用からジョブ型雇用への移行がすでに始まっています。上場企業では、どれだけ優秀な人材を雇用しているかでその企業の社会的価値が評価されることがより鮮明になり、これまで以上に熾烈な人材獲得合戦が展開されているのです。

こうした流れは中小企業にとっても、決して〝対岸の火事〟ではありません。

私は長野県で社会保険労務士事務所の代表を務め、これまで40年以上にわたって中小企業の経営をサポートしてきました。法人として顧問を務める企業は全国680社以上で、中小企業経営者からは実に多様な相談を受けています。近年、特に増えているのが「優秀で貴重な人材を大手に引き抜かれた」「求人広告を出しても人が全然集まらない」という、雇用や採用に関するこれまで以上に切実な相談です。

以前から中小企業は、慢性的に人材の確保が困難になっていました。そこへ今回の上場企業を中心とした人的資本経営の推進によって、中小企業はこれまで以上に深刻な人材流出と人手不足に陥り、業務の遂行が難しくなることが考えられます。

しかし、これに対して打つ手がないわけではありません。中小企業はこれまでの画一的な賃金体系制度から脱却し、社員一人ひとりに合った柔軟な制度を新たに整備することで、人材流出を防ぐことが可能です。

会社全体の賃金体系を大幅に見直すことで、優秀な従業員への賃上げが可能になります。また、従来の職能給（いわゆるメンバーシップ型雇用）から職務給（いわゆるジョブ型雇用）への転換も、考え方一つで案外スムーズに移行できます。社員一人ひとりにマッチした賃金制度は離職率低下にもつながります。

そこで本書では、中小企業経営者に向けて、超人材難の時代を生き抜くために、これまでの考え方を根本的に覆す、社員一人ひとりに合わせた賃金体系と評価制度をどのように整備していけばいいのかを解説していきます。

日本社会と日本経済を元気にするには、まず中小企業から元気にならなければならない

――これは40年来の私の持論です。

本書を読んでもらうことで、一社でも多くの中小企業に元気になってもらえるよう、願ってやみません。

目次

第2章

効果のでない採用活動、優秀な社員の引き抜き 魅力的な賃金を提示できない 中小企業経営者の苦悩はさらに加速する

第3章

人材流出を防ぎ、社員のモチベーションを上げる中小企業の賃金制度改革とは？

第4章

賃金制度に合わせたキャリアパスの提示と中小企業のためのリスキリング

第 1 章

2023年は
人材超流動化時代元年
人的資本経営の導入と
ジョブ型雇用が本格化する

賃上げの波に飲まれる中小企業

労働市場を巡る２０２３年最大のトピックといえば、大企業を中心に、かつてなかったほどのスケールで従業員の賃上げが実現したことです。

東京商工リサーチが２０２３年２月に実施した賃上げに関する調査（有効回答４４６５社）によれば、２０２３年度に賃上げを実施する予定の企業は全体の80・６％にも及びました。

また、連合が公表した「２０２３ 春季生活闘争 第４回回答集計結果」を見ても、２０２３年の平均賃上げ率は３・69％となり、およそ30年ぶりの高水準となりました。毎年８月頃に厚生労働省が公表する春闘の最終結果においても、１９９４年（３・13％）以来の３％台に乗ることはほぼ確実視されています。

とにかく、大企業からは景気のいい話ばかりが聞こえてきます。例えば２０２３年１月、ユニクロ、ＧＵを運営するファーストリテイリングは、３月から最大約40％の賃上げを行うと発表し、25万５０００円だった新入社員の初任給は30万円にアップしています。

賃上げ動向　年度推移

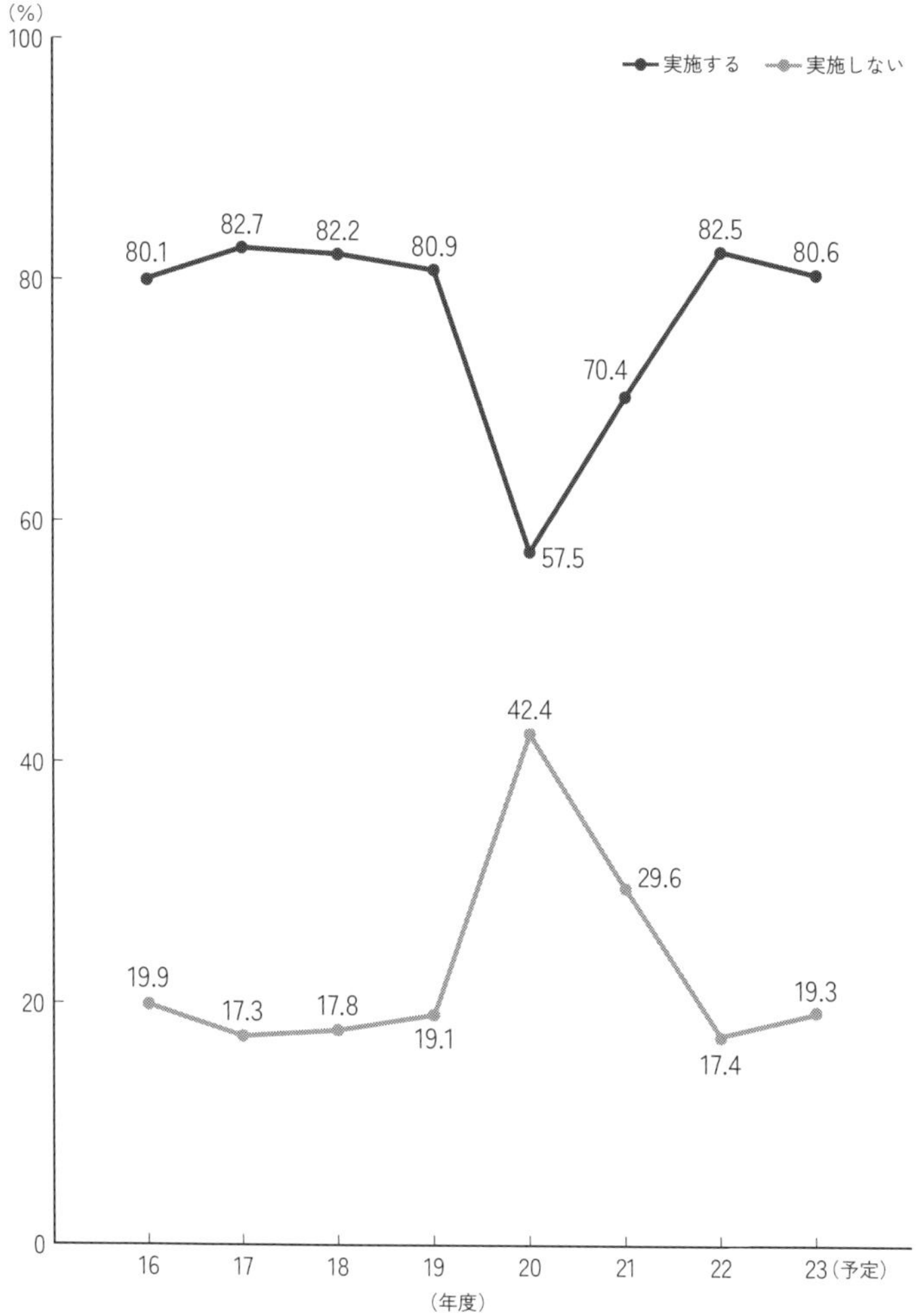

出典：東京商工リサーチ　2023年度「賃上げに関するアンケート」調査（第2回）　資料（有効回答4465社、2023年2月実施）

また、三井住友銀行は2023年4月から新卒初任給を16年ぶりに5万円引き上げると発表し、これを受けて、みずほ銀行、三菱UFJ銀行も2024年4月から新卒初任給を5〜5万5000円引き上げると発表しました。

自動車メーカー各社は春闘で満額回答が相次ぎ、大企業に限っていえば、小売、外食、食料品、運輸、サービス、電子機器・機械、建設などほぼすべての業界で、おおむね4〜10%程度の賃上げを発表しています。

2022年2月から始まったロシアのウクライナ侵攻、さらには日米の金利差から生じた2022年3月以降の急激な円安により、わが国では2022年秋以降、エネルギー価格と原材料価格の上昇に伴う広範囲な値上げラッシュに見舞われています。

それが政府主導による賃上げ圧力にもつながっています。政府による賃上げには、長らく続いたデフレから脱却し、経済を活性化させたいという狙いもあります。

賃上げ率が4%を超えれば、物価高騰による家計負担分をカバーできると算出されています。大企業の多くが4%以上の賃上げに踏み切ったのは、昨秋以降私たちの家計を直撃している物価高対策でもあったわけです。

しかし、この大企業の賃上げのように財政状況に余裕がない中小企業は少々事情が異なります。

私が代表を務める社会労務士法人は、中小企業を中心に全国680社の顧問を務めていますが、2023年上半期、顧客である中小企業の経営者から最も多く聞かれたのは、今年は売上や経常利益に関係なく賃上げしないと、もう事業を続けられない、という悲痛な声でした。大企業を中心に賃上げを行っているなか、自社だけがその波に反発するわけにはいかないというのです。

ただでさえ労働力の確保に四苦八苦しているなか、賃上げが当たり前と思われている今の時流に乗り損なえば、従業員のモチベーションをもはや維持できなくなり、遠からず大量の離職者を出すことになるのではないかと危機感を露わにしていたのです。

そしてそれは、極めて真っ当な状況判断だと考えられます。それほどまでに、2023年上半期の賃上げを巡る同調圧力は強力だったのです。

労働環境を一変させる人的資本の情報開示

このように、2023年上半期の労働市場は賃上げムード一色に染まっていました。賃上げは働くすべての人にとって最大の関心事ですから、企業の賃上げやベースアップが多くの注目を集めるのは至極当たり前のことといえます。

とはいえ、賃上げの動きの底流にある大きなムーブメントを私たちは見逃してはいけません。なぜなら、わが国の労働市場、労働環境、労働慣行、働き方を一変させるほど大きなインパクトを秘めているからです。

そしてそのムーブメントは、中小企業に対して、賃上げ圧力以上に深刻なダメージを与えると考えられます。それを象徴する出来事はすでに始まっています。

賃上げブームの陰であまり話題になりませんでしたが、実は2023年3月の決算期から、有価証券報告書を発行する上場企業など約4000社を対象に、「人的資本の情報開示義務」が課せられることになりました。

ここでいう人的資本の情報とは、男女の賃金格差、自発的・非自発的離職率、女性管理職の比率、男性育児休暇取得率など、自社の従業員に関する各種データのことです。

従業員は企業という組織の構成要素であり、企業活動を行う労働力であると同時に、企業の利益を生み出す原資でもあります。

そこで、従業員を資本の一部として見た場合にどう評価できるのか、自社にはどんな人材がいて、男女や国籍の違いなど多様性がどう担保されているのか、人材を有効活用するためにどんな育成プランが用意されているのか、上場企業は社会、投資家、金融機関、求職者に対して広く開示することが義務づけられました。

この新ルールに適応するため、2023年3月に決算期を迎える上場企業の多くは人事部メンバーを中心に多大な労力を割かれることになりました。

新ルール制定が最終的に決まったのは、「企業内容等の開示に関する内閣府令の一部を改正する内閣府令」が公布・施行された2023年1月31日です。その内閣府令の改正案は2022年11月に公表されており、2022年夏には情報開示の指針も定められていたので、一部の大企業は秘かに準備を始めていたものの、多くの企業は締め切りギリギリの作業に追われました。

幸い、新ルールがスタートしたばかりということもあって、人的資本の情報を、どのような形で開示するか、という細かな規定まではまだ決められていません。

情報開示の具体的な内容については、各企業の取り組みに応じて柔軟に記載できるようになっており、その点では準備も比較的進めやすかったと思います。

ただし、今後は新ルールが日本の経済界に定着していくにつれて、人的資本に関する情報開示も、より精細かつ厳格なものが求められるようになると予想しています。

2023年3月から始まった人的資本の情報開示義務は、有価証券報告書を発行している上場企業が対象になります。

そのため、上場していない中小企業のなかには、自社とは関係ないことだと考える経営者もいると思いますが、それは大きな間違いです。

今回､上場企業向けに定められた新ルールは、わが国の労働環境を一変させる巨大なムーブメントの一端に過ぎません。新ルール適応の対象になるかどうかは関係なく、わが国で企業としての経済活動を行う以上、この巨大なムーブメントに呑み込まれることは確実といえます。

今、日本の経済界と労働市場を席巻しようとしているムーブメントには、2つの中心的な核が存在します。

1つが「人的資本経営」という新たなマネジメントのスタイルで、もう1つが「ジョブ型雇用」という新たな雇用形態です。

この2つの核を理解し、取り入れることが中小企業にとってはとても重要になります。

企業価値の尺度となる無形資産

「ヒト・モノ・カネ」は3大経営資源、「ヒト・モノ・カネ・情報」は4大経営資源といわれます。しかしこれまで、ヒトが企業の資産や資本として扱われることはほとんどありませんでした。上場企業の有価証券報告書を見ても、ヒトはどちらかといえば「人件費＝コスト」と見なされていて、ヒトが企業の市場価値や成長性を測る基準や尺度にはなり得なかったのです。

投資家や株主、金融機関が注目するのは株式、借入、寄付などの「財務資本」と、建物、製造設備などの「製造資本」であり、財務資本と製造資本の「有形資産」こそが企業の価値を生み出す原資だと長い間考えられてきました。

ところが、企業に対するこうした価値基準は21世紀以降、経済のグローバル化の進展とともに大きく変わっていきます。工場などの製造設備は新興国へと移転し、先進国の企業ではブランド力や知的財産などの無形資産が新たな価値を生み出すようになります。製造設備などのハードウェアは必ずしも企業価値を表すものとは限らなくなり、人々はブラン

S&P500の時価総額に占める無形資産の割合

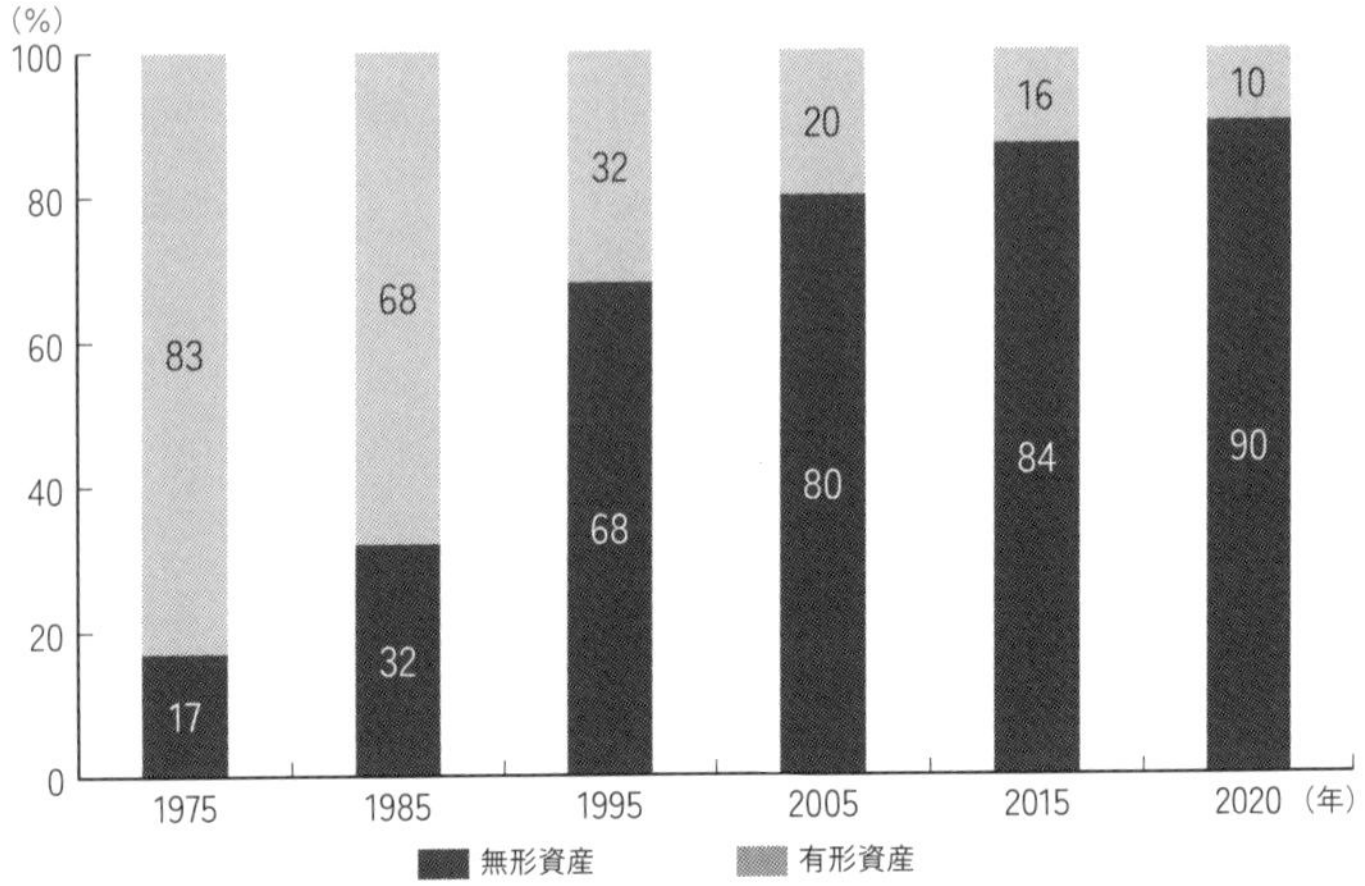

出典：OCEAN TOMO「INTANGIBLE ASSET MARKET VALUE STUDY」（2020年）

ド、特許権、著作権など企業のもつソフトウェアに注目するようになってきたのです。

言い換えれば、従来のように財務諸表でモノやカネをチェックしても、その企業の価値や真の実力、成長性を見極めることが難しくなってきました。

また2010年代以降、国連サミットでSDGsが採択されたこともあって、環境、多様性、サステナビリティ（持続可能性）に対する関心が世界規模で高まりました。

その結果、企業は一時的に莫大な利益を生むことよりも、社会や地球環境などと共存しながら成長を続け、さまざまな形で社会貢献していくことのほうが価値が高いと、主に欧米で判断されるようになりました。

こうした時代の流れを受けて、企業価値を測る尺度としては、有形資産よりも無形資産を重視する傾向が世界的に高まっています。

S&P500（米国証券取引所に上場された代表的な約500銘柄で構成される株価指数）を対象に、時価総額に占める有形資産と無形資産の割合を経年比較したグラフを見てみると、1975年の時点では有形資産83％に対して無形資産17％でしたが、無形資産の割合は年々大きくなっていって、1995年には有形資産32％、無形資産68％と無形が有形を上回り、そのあとも無形資産が増加し、そして2020年には無形資産が90％に達しました。

人的資本経営とは

このように、企業価値に占める無形資産の重要性が年々高まっていくにつれて、投資家や金融市場からは、財務諸表などではチェックできない無形資産についての情報公開を企業に求める声が大きくなっていきました。

なかでも、とりわけ注目されるようになったのが人的資本です。

人的資本とはヒトに注目し、従業員は新たな価値を生み出す、会社の資本であり財産である、という考え方のことです。または、その考え方に基づいて見た場合の人材のことを指します。従業員たちがもつ能力、経験、資格、イノベーションに対する意欲などは、数値化や計量化がしにくいものの、自社の企業価値を生み出し、高めるためには絶対に必要である、という考え方です。

つまり、人材を資本ととらえ、その価値を最大限に引き出すことで、中長期的な企業価値向上につなげる経営のあり方を人的資本経営といいます。財務諸表にばかりとらわれず、固定資産や設備投資に必要以上の価値を認めず、自社の従業員こそ財産だととらえる経営マインドです。

人材を最大限有効に活用できるよう、従業員の性別や国籍にはこだわらず、事業に必要であれば人材に対して積極的に投資を行い、従業員の育成や再教育にも力を入れます。そして、一時的に莫大な利益を上げようとはせず、人材育成とともに中長期的に持続可能な成長を目指します。

この人的資本経営こそ、中小企業が取り入れるべき経営マインドなのです。なぜならば、労働力の確保に四苦八苦している中小企業は、今ある人材を有効に活用しなければなりません。

もちろん新しい人材を確保することが望ましいですが、今いる従業員の育成や再教育を行い、仕事に対して最大限の力を発揮してもらう必要があるのです。

人的資本経営が注目される理由

この人的資本経営が世界的に注目されるようになった、一つの契機になったと考えられるのが、ＥＳＧ投資に対する人々の意識の高まりです。ＥＳＧとは、Environment（環境）、Social（社会）、Governance（企業統治）の頭文字を組み合わせた言葉で、企業が中長期的に成長し続けるためには欠かせない視点であり、企業が社会の一員として取り組むべき社会課題のことを意味します。

例えば環境については、CO_2排出量増大による地球温暖化などの気候変動、野生動物の多くが絶滅の危機にさらされている生物多様性の問題、海洋プラスチックなど廃棄物処理の問題、地球上で約20億人が飲み水を確保できていないなど水資源の問題があります。

また社会については、少子高齢化や地方の過疎化などの人口問題、国籍・人種・民族の違いやジェンダーギャップなどダイバーシティと人権の問題、貧困層の増大による所得格差、教育格差など格差の問題が挙げられます。

さらに企業統治については、贈収賄や不正会計を一掃する法令遵守、株主・従業員・取引先に対する権利保護、中長期経営計画や役員報酬の開示など情報開示、経営の透明性と公平性を担保する取締役会の問題などがあります。

これらのESGの課題に取り組む企業に投資することをESG投資といいます。どこかの企業に投資するのであれば、社会課題の解決に前向きな企業に投資したい、と考える問題意識の高い投資家が増えています。

ESGの課題に取り組む企業を資金面で応援することで、投資家自身も間接的に社会課題の解決に貢献できるからです。

拡大するESG投資

このESG投資は、2006年に国連が「責任投資原則」（PRI：Principles for

Responsible Investment)を提唱してから、世界的に広く認知されるようになりました。「責任投資原則」を要約すると、投資家が投資する際には、長期的な視点で企業を分析・評価し、ＥＳＧ課題に配慮しているかどうかを意思決定に組み込むべきというものです。

この原則が提唱されてから、ＥＳＧ投資額は世界で急激に伸びていきます。６年後の２０１２年にはＥＳＧ関連投資額が世界で１０００兆円を超え、２０１５年に国連でＳＤＧｓが採択されると、さらにＥＳＧに対する世界的な関心が高まります。

２０１７年には、世界最大の年金基金であるわが国のＧＰＩＦ（年金積立金管理運用独立行政法人）が１兆円規模のＥＳＧ投資を始めて、大きな話題になりました。

２０２０年にはＥＳＧ関連投資額は世界で１００兆ドル（約１京円）を超え、世界の投資額の３分の１にまで拡大しています。ＥＳＧ投資額がこれだけ巨大化するということは、世界中の投資家が企業のＥＳＧへの取り組みに大きな関心を寄せているということになります。

そしてＥＳＧに積極的に取り組んでいる企業こそ、中長期にわたって持続可能な成長が見込まれると認識されているわけです。人的資本経営が世界で注目され、投資家や市場から支持されている理由もまさにそこにあります。

欧米での人的資本経営の動き

人的資本経営の考え方はＥＳＧへの取り組みに極めて近いと思います。特に、改めて人権を尊重し、従業員の多様性を重視するというスタンスは、驚異的な速度で進化しつつあるＡＩとの共存を図るうえでも必要な姿勢といえます。

事実、欧米のマーケットは人的資本経営の推進に向けて具体的に動き出しています。

例えば、欧州委員会（ＥＣ）は２０１４年に非財務情報開示指令を発出し、上場企業と従業員数５００人を超える大企業に「社会・従業員」に関する情報開示を義務づけました。２０２１年には指令を改正し、対象となる企業の範囲を拡大しています。そして対象企業は約１万７０００社から約５万社へと増えました。

また、アメリカでは２０１７年、３兆円超の総資産をもつ機関投資家グループの人的資本管理連合（ＨＣＭ）が米国証券取引委員会（ＳＥＣ）に対して人的資本に関する開示基準の策定を申し立てました。

その結果、２０２０年から上場企業に対する人的資本の情報開示が義務化されています。

欧米の労働市場が人的資本経営の先進性に着目し、企業側に人的資本の情報開示を要求するようになるのに対して、日本はそれから少し遅れて着手することになります。

「ヒト」を育て、いかに活用するかが人的資本経営の基本

欧米が企業側に人的資本の情報開示を要求するようになったのが2010年代後半ですが、それから遅れること数年で日本の労働市場も人的資本経営に対応したディスクロージャーの整備に着手します。ディスクロージャーとは、企業の経営内容を情報開示・情報公開することを意味します。

その先駆けとなったのが、2020年9月に公表された「人材版伊藤レポート（持続的な企業価値の向上と人的資本に関する研究会報告書）」です。

同研究会は経済産業省が所管するプロジェクトで、報告書をまとめたのは座長を務めた一橋大学名誉教授の伊藤邦雄氏です。伊藤氏は2014年の経済産業省プロジェクト「持続的成長への競争力とインセンティブ～企業と投資家の望ましい関係構築～」でも座長を

務めています。

そんな伊藤氏が、再び経済産業省の新たなプロジェクトのまとめ役となり、人的資本経営を日本企業が導入する際の基本的な考え方と戦略について解説したのが、人材版伊藤レポートになります。

人材版伊藤レポートで最も強調されているのは、企業は経営戦略と人材戦略を連動せよ、という提言です。

従来の日本企業では、「経営陣＋経営企画室」と「人事部」は同じ組織にありながら個々に活動し、別々に事業を展開していました。

しかし、人的資本経営のマネジメントでは、人材をどう育て、どう活かすかが自社の業績や企業価値の創造に直結します。

つまり、経営戦略と人材戦略を双方向で連動させる必要が出てくるのです。そこでこのレポートでは、「CHRO（Chief Human Resource Officer＝最高人事責任者）」という新たな取締役職を人事部長の上位に配置し、経営陣と人事部を連動させる役割を負わせるべきだと提案しています。

その後、2022年5月には、人材版伊藤レポートをさらに深掘りする人材版伊藤レポート2・0を公表し、経営戦略と人材戦略を連動させる取り組みの必要性を強調しています。人材版伊藤レポート、人材版伊藤レポート2・0は多くの経営者に読まれており、このレポートで初めて人的資本経営という手法を知ったという人も多いようです。人材版伊藤レポートにより、日本のさまざまな経営者が人的資本経営の入り口に立ったともいえます。

中小企業にこそ必須な情報開示

人材版伊藤レポートが公表されてから、わが国の経済界においても人的資本経営への取り組みが加速度的に広がっていきます。

2021年6月には、コーポレートガバナンス・コードが改訂され、人的資本に関する情報開示の項目が追加されました。

コーポレートガバナンス・コードとは、上場企業が企業統治を行う際の参考となるよう、ガイドラインとしての原則・指針を示したもので、2015年3月に金融庁と東京証券取引所が共同で策定して公表しました。

その後2021年6月に行われたのは2度目の改訂で、具体的には「女性の活躍促進を含む社内の多様性の確保」という項目に、「女性・外国人・中途採用者を管理職・中核人材に登用するなど、多様性の確保のための数値目標を立て、達成状況を開示する」ことと「多様性確保のための人材育成と社内環境整備の方針を立て、実施状況を開示する」が追加されています。

そして、人的資本経営は国の政策としても大きく取り上げられます。2021年11月に発足した第2次岸田改造内閣が新しい資本主義実現本部を立ち上げ、2022年2月、ワーキンググループとして、伊藤氏を座長とする非財務情報可視化研究会を発足させ、2022年8月に「人的資本可視化指針」を発表します。

基本的な考え方は人材版伊藤レポートを踏襲していますが、この指針では経営者・投資家・従業員をはじめとするステークホルダー間の相互理解を深めるため、人的資本の可視化が不可欠だと訴え、その具体的な開示方法を提案したのです。

一方、同じく2022年8月のタイミングで、経済産業省の主導のもと「人的資本経営コンソーシアム」が設立されます。設立の目的は、「日本企業及び投資家等による、人的資本経営の実践に関する先進事例の共有、企業間協力に向けた議論、効果的な情報開示の検討を通じて、日本企業における人的資本経営を実践と開示の両面から促進すること」です。

こうして、2022年夏頃から一部の上場企業の間で人的資本に関する情報開示についての検討が始まり、2022年11月、金融庁が「企業内容等の開示に関する内閣府令」改正案を公開し、パブリックコメントを募集します。寄せられた意見を考慮し、2023年1月に企業内容等の開示に関する内閣府令の一部を改正する内閣府令を施行し、3月31日以降決算期を迎える上場企業に対し、人的資本の情報開示が義務づけられることになりました。

このようにして、上場企業は人的資本の情報開示を行うことになりましたが、中小企業にはまだ義務づけられていません。義務づけられていないため、まだ着手していない中小企業も多くあると思います。

しかし、従業員不足に悩む中小企業だからこそ、「ヒト」という無形資産の重要性を理解し、すでに起こっている人材不足に立ち向かわなければなりません。

人的資本の国際標準の策定

２０２２年8月に公開された人的資本可視化指針は、２０２３年3月31日以降の情報開示のあり方に決定的な影響を与えました。なぜなら、開示の際に参照すべき国際的なガイドラインとして、ＩＳＯ３０４１４を提示したからです。

そのため、人的資本の情報開示義務を負った上場企業の多くは、ＩＳＯ３０４１４の書式に準拠した形で情報を整理し、まとめ、公開することになりました。

国際標準化機構（略称ＩＳＯ：International Organization for Standardization）はスイス・ジュネーブに本部がある非政府組織で、世界各国に存在する１６５の標準化団体で組織されていて、国際的な標準である国際規格（ＩＳ：International Standard）の策定が主な業務です。わが国では日本産業標準調査会（略称ＪＩＳＣ：Japanese Industrial Standards Committee）が会員として加入しています。

ＩＳＯ３０４１４はＩＳＯが２０１８年12月に発表した、人的資本に関して情報開示する際のガイドラインで、11領域58指標により構成されています。

ISO30414　11領域58指標

人的資本エリア	概要
1. コンプライアンスと倫理	ビジネス規範に対するコンプライアンスの測定指標
2. コスト	採用・雇用・離職等労働力のコストに関する測定指標
3. ダイバーシティ	労働力とリーダーシップチームの特徴を示す指標
4. リーダーシップ	従業員の管理職への信頼等の指標
5. 組織文化	エンゲージメント等従業員意識と従業員定着率の測定指標
6. 健康、安全	労災等に関連する指標
7. 生産性	人的資本の生産性と組織パフォーマンスに対する貢献をとらえる指標
8. 採用・異動・離職	人事プロセスを通じ適切な人的資本を提供する企業の能力を示す指標
9. スキルと能力	個々の人的資本の質と内容を示す指標
10. 後継者計画	対象ポジションに対しどの程度承継候補者が育成されているかを示す指標
11. 労働力	従業員数等の指標

ISO30414原文より著者作成

ＩＳＯのこのガイドラインがなぜ策定されたかといえば、人的資本経営が世界で注目される理由と関係してきます。

経済のグローバル化により、企業にとっては人材（ヒト）・知的財産（情報）という無形資産が重要視され、企業価値における人的資本の位置づけが高まるにつれて、ＩＳＯは人的資本を評価・判定するための国際標準を策定するため、２０１１年にＩＳＯ技術委員会を発足させ、検討を始めました。

その後、２０１４年に欧州委員会（ＥＣ）が非財務情報開示指令を発出し、一定規模以上の企業に人的資本情報の開示を義務化し、アメリカでも２０１７年に機関投資家グループが米国証券取引委員会（ＳＥＣ）に人的情報開示を要望するロビー活動を開始しました。

こうした現状を受け、ＩＳＯは国際標準の策定作業をさらに進め、２０１８年、世界初となる人的資本に関して体系的で網羅的な情報開示のガイドラインを策定し、一般公開しました。

今日では、このＩＳＯ３０４１４が人的資本の情報を開示する際の最も一般的な国際標準となっていて、日本企業の多くが参照しています。

日本企業の運命を握る「人への投資」

日本の労働市場を呑み込もうとしている巨大なムーブメントの１つの核が人的資本経営という新たなマネジメントのスタイルでした。

そして、ムーブメントのもう１つの核が「ジョブ型雇用」という雇用形態です。

２０２２年９月、国連総会で演説するために訪米した岸田文雄首相は、ニューヨーク証券取引所に設けられた記者会見の席で、各国メディアを前に英語でスピーチを行いました。そのとき、いきなりジョブ型雇用の推進についても言及し、周囲を驚かせたことは記憶に新しいところです。首相官邸ＨＰに掲載されているスピーチの日本語訳から、該当箇所を引用します。

「日本の五つの優先課題を紹介する。第1に、『人への投資』だ。

デジタル化・グリーン化は経済を大きく変えた。これから、大きな付加価値を生み出す源泉となるのは、有形資産ではなく無形資産。中でも、人的資本だ。

だから、人的資本を重視する社会を作り上げていく。

まずは労働市場の改革。日本の経済界とも協力し、メンバーシップに基づく年功的な職能給の仕組みを、個々の企業の実情に応じて、ジョブ型の職務給中心の日本に合ったシステムに見直す。

これにより労働移動を円滑化し、高い賃金を払えば、高いスキルの人材が集まり、その結果、労働生産性が上がり、更に高い賃金を払うことができるというサイクルを生み出していく」


岸田首相が人的資本経営とジョブ型雇用の双方に言及したのは偶然ではありません。この2つの語句は間違いなく、日本の産業界の今後を左右する極めて重要なキーワードになるはずです。

メンバーシップ型とジョブ型2つの雇用形態

企業に勤務する従業員の働き方には、大きく分けて2つの形があります。1つが「メンバーシップ型」で、もう1つが「ジョブ型」です。賃金（給与・報酬）の支払われ方の違いにより、メンバーシップ型を職能給、ジョブ型を職務給ともいいます。

メンバーシップ型とは、わが国の産業界が高度成長期に確立した雇用形態であり、年功序列・終身雇用が原則となります。

一方のジョブ型とは、過去から現在まで、主に欧米で一般化している雇用形態で、賃金は年功に関係なく、基本的に終身雇用はあり得ません。

両者の最も大きな違いは、人に仕事を当てはめるか、仕事に人を当てはめるかです。

例えば、ここにM社とJ社の2社があったとします。どちらも小規模の事務用品メーカーですが、M社はメンバーシップ型、J社はジョブ型と、雇用形態に違いがあります。

M社には今年、新卒採用でAさんが入社しました。1カ月の新人研修で適性が見極められ、工場の生産管理部門に配属されました。賃金はまだ新人ということで、月額20万円です。

一方、J社には今年、中途採用で30歳のZさんが入社します。工場の生産管理部門に欠員が出たので、同業他社で生産管理の経験者であるZさんが採用されたわけです。工場の生産管理技術者の賃金は40万円と決まっているので、Zさんの賃金は月額40万円です。

そして3年後、M社のAさんは25歳になり、社歴を積んだので、賃金は月額25万円に昇給しました。一方、J社のZさんは33歳になりましたが、生産管理技術者の賃金は40万円と決まっているので、賃金は40万円です。

さらに2年後、M社のAさんは27歳になりましたが、主力製品は極度の売上不振のため工場が閉鎖されることになりました。

そこでAさんは別の製品の営業部門に配置転換されました。営業は未経験ですが、勤続年数が5年になったので、賃金は月額28万円にアップしました。

一方、J社も業績悪化のため、工場の生産ラインは停止され、その部門の市場から撤退します。するとその時点で、Zさんは J社を退社することになります。Zさんはもともと事務用品の生産管理という仕事に就くための入社をしたので、その仕事がなくなった以上、J社に勤務し続ける理由はありません。

とはいえ、Zさんには生産管理技術者としての技能と経験があるので、同業他社に欠員が出れば、中途採用でまた働ける可能性があります。もし次の会社もジョブ型雇用を行っていれば、Zさんの賃金はその職務の相場である月額40万円が約束される可能性が高いと思います。

メンバーシップ型雇用とジョブ型雇用の違い

	M社（メンバーシップ型）	J社（ジョブ型）
採用	新卒一括採用など定期採用がメイン	欠員補充やポジション新設で随時採用
職務	限定せず	職務を限定：仕事内容・求める成果・勤務条件などを職務記述書に記載
人材配置	・所属や役職で職務内容が決まるが、属人的要素あり ・会社都合による定期異動　玉突き人事あり ・事業・ポスト廃止でも配置転換で救済	・決められた職務に、能力・経験・成果で人をマッチング　空きポストは社内外から調達 ・事業・ポスト廃止なら解雇を想定
昇進・昇格	勤続・年齢を重視	実績重視で年次思想なし
降級・降格	基本的になし	実績により随時
賃金	職能給：年功で上昇	職務給：職務内容で上下
賃金の決め方	内部基準	業界・市場基準
キャリア形成	・終身雇用前提：最初は全員が幹部候補 ・長期的に育成：年功序列、ジェネラリスト志向	・随時離職あり：自律的にキャリア形成 ・社内外で自主研修：実力主義、スペシャリスト志向
人事機能	人事部が管理	CHRO（最高人事責任者）と経営陣、人材開発部で合議
労働力流動性	低い	高い
雇用保障	手厚い	薄い

著者作成

メンバーシップ型のM社はAさんを会社のメンバーとして雇い入れたので、最初に割り振った仕事がなくなった場合、別の仕事を割り振られることになります。

ところが、ジョブ型のJ社はある仕事をやってもらうためにZさんを雇い入れたので、その仕事がなくなれば、辞めてもらうしか選択肢がないのです。

また、メンバーシップ型が職能給と呼ばれるのは、働く人の能力に応じて賃金が支払われるからです。

例でいえば、新卒入社のAさんが社歴とともに仕事の能力も上がっていくはずと考えられるので、社歴に応じて賃金が上がります。たとえまったく同じ仕事をしていたとしても、入社1年目の人と入社10年目の人とでは賃金が異なるのです。

一方、ジョブ型が職務給と呼ばれるのは、その職務に対して賃金が支払われるからです。仮に工場の生産管理職は月額40万円と決まっていれば、入社1年目の人でも入社10年目の人でも、賃金は40万円で変わりません。

あくまでも例とはいえ、このような極端なことや簡単にはそうはならないと考えている人も多いと思いますが、この例を基本的な考え方として解釈してもらえればと思います。

今なぜジョブ型雇用が導入されるのか

ジョブ型雇用の浸透拡大を進めようとしている最大の理由は、現状では低過ぎる日本の労働生産性を、ジョブ型雇用への転換で一気に高めたいからです。

日本はGDPで世界第3位の規模をもちながら、その低過ぎる労働生産性が以前から問題になっていました。

日本生産性本部が公表した「労働生産性の国際比較2022」を見ると、日本の「時間あたり労働生産性」は49・9ドル（2021年）です。これはOECD加盟38カ国中27位で、データが取得可能な1970年以降、最も低い順位になっています。

日本の49・9ドルという数字はOECD平均の60・9ドルを下回っているだけでなく、アメリカの85・0ドルの59％に過ぎません。

また、「一人あたり労働生産性」は8万1510ドル（2021年）で、OECD加盟38カ国中29位。こちらも1970年以降、過去最低の順位でした。

これはOECD平均の10万7462ドルを2万ドル以上下回っているばかりか、アメリ

OECD加盟国の時間あたり労働生産性（2021年／38カ国比較）

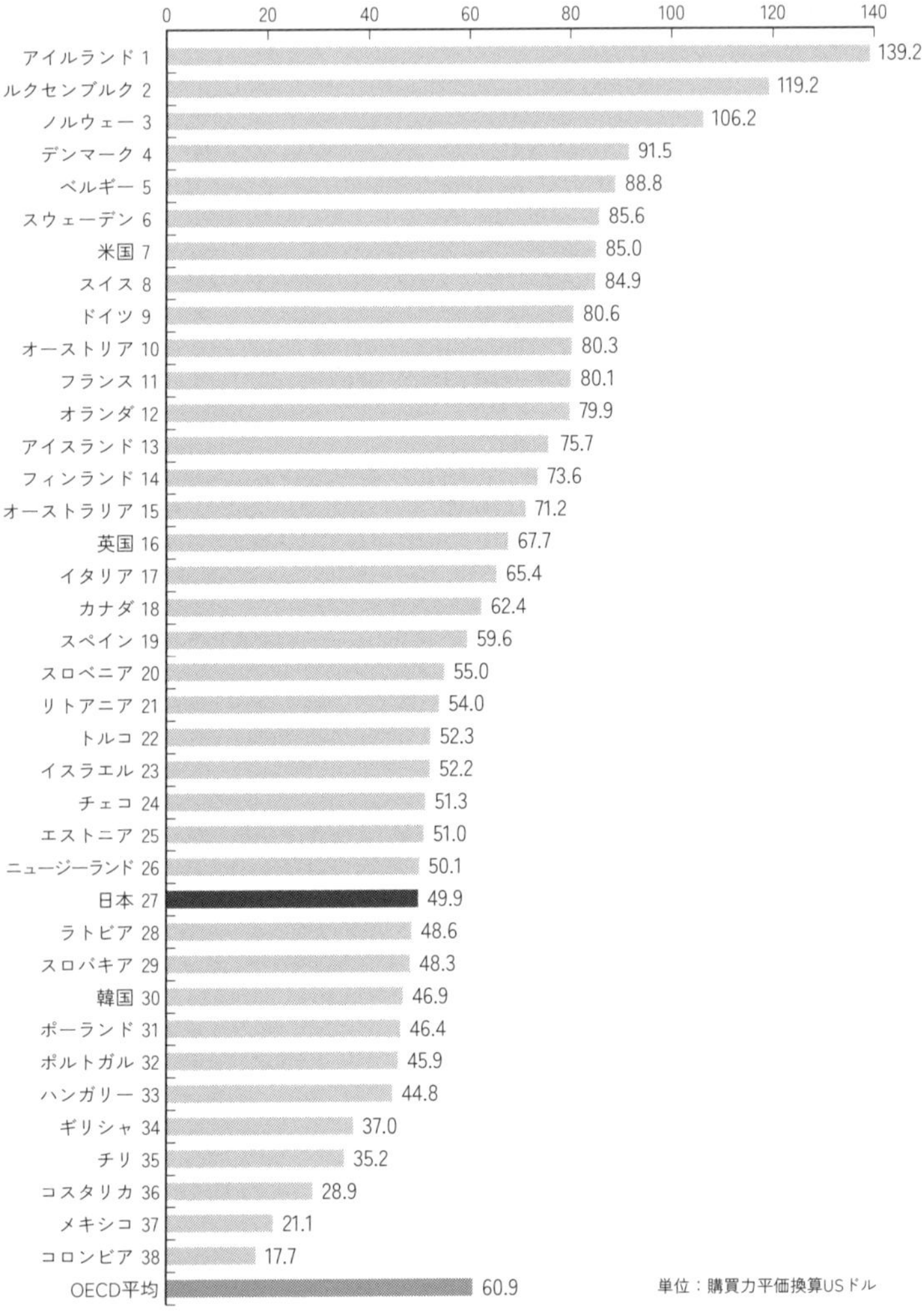

出典：公益財団法人 日本生産性本部「労働生産性の国際比較2022年版」

カ15万2805ドルのほぼ半分です。

ほかの先進国に比べて、日本の労働者の賃金がまったく上がらないのは、こうした労働生産性の低さに大きな要因があると考えられます。

日本が高度成長期に確立したメンバーシップ型雇用は、もはや現代の時流に適合しません。メンバーシップ型雇用で無駄なコストが発生するのは明らかです。

つまり、従業員の能力や経験に合わせて適材適所に人材を配置できることが、ジョブ型雇用の最大のメリットといえます。

コロナ禍によって加速した働き方の多様性

2020年初頭から全世界を襲ったコロナ禍も、ジョブ型雇用の浸透拡大に大きく影響しています。コロナ禍では緊急事態宣言を経験したわが国の産業界では2020年以降、リモートワークが急速に普及しました。

そしてその結果、リモートワークを実施することのメリットとデメリットの2つを実感することになります。

リモートワークを実施する最大のメリットは、いうまでもなく、新型コロナ感染症の感染拡大防止でした。職場という閉鎖的な空間でほかの従業員との3密が避けられるだけでなく、通勤電車での3密も避けることができます。

また研究開発、マーケティング、営業企画、デザイン、IT関連、コンテンツ関連など一部の知識労働では、リモートワークのほうが労働生産性が向上することも分かってきました。従業員は日々の通勤で無駄な労力を使うことなく、自らのペースで集中して業務に没頭することができるからです。

さらにいえば、従業員が会社という場に一堂に会さなくても、事業をある程度円滑に進められると気づけたことは、日本の産業界全体にとって良かったともいえます。

これまで必要と考えられていた、チームとして一致団結して働くスタイルでなくても、メンバー一人ひとりが自律的に業務を遂行すれば、これまでどおりビジネスを回すことは十分に可能なのです。

一方、リモートワークを実施したことによるデメリットは、対面ならではの従業員同士の緊密なコミュニケーションが損なわれることです。その結果、若手社員が先輩や上司から直接指導される機会が減ったため、若手が育ちにくい、との声も聞かれます。

ともあれ、リモートワークの導入で、一つ分かったことがあります。それは、リモートワークにはリモートワークに適した職種や働き方があるということです。

職種でいえば、研究開発、企画、マーケティングなど知識集約型の職種がそれにあたり、働き方でいえば、職務範囲や職責、役割が明確であり、他者におうかがいを立てなくても自律的に働ける仕事をしている人です。後者はまさに、ジョブ型雇用そのものといえます。

今後、新型コロナウイルス感染症のパンデミックが完全に終息したとしても、わが国の産業界からリモートワークという働き方がなくなることはあり得ません。

そしてこれからリモートワークという働き方が標準化していくとすれば、ジョブ型雇用という雇用形態がますます浸透拡大していくことは間違いありません。

中小企業の人材難

人的資本経営とジョブ型雇用がわが国でも浸透拡大していった場合、労働市場でまず間違いなく発生するのが、人材のさらなる流動化です。

なぜなら、大企業、上場企業を中心に、人材獲得競争がこれまでにないほど激化するからです。まさに人材超流動化時代の到来です。

そのトリガーとなるのが、2023年3月から上場企業に課せられることになった、人的資本に関する情報開示義務です。2023年は新規制度の導入1年目ということもあって、情報開示のルールが厳格に定められているわけではありません。

しかし、導入2年目となる2024年度以降、ルールは確実に厳格化されていくと予想できます。企業側も、ルールが厳格化の方向に向かうことはすでに織り込み済みですから、人的資本に関するデータをより精細にブラッシュアップしていかざるを得なくなると考えられます。

自社の人的資本に関するデータがより精緻に充実すればするほど、自社の人的資本の強みと弱みが、より分かりやすい形で社内外に公表されることになります。その場合、強みは自社の企業価値を確実に高めてくれますが、もしも重大な弱みが露見してしまった場合、上場企業としては、ただちに何らかの対策を講じなければなりません。

ESGやSDGsの重要性をもち出すまでもなく、この変化の激しい時代、企業にはより大きな社会的責任を果たしていくことが求められます。人的資本経営の重要性も高まるばかりです。

だとすれば、人的資本における自社の弱みをそのまま放置することは、株主や投資家など多くのステークホルダーの手前、許されることではありません。

例えば、既存ビジネスのＤＸ化を推進する人材が著しく不足しているのであれば、中長期的には社内人材の育成計画を実践するのと同時に、外部から必要な人材を即戦力として調達しなければならないといった事態も考えられます。

こうした人材獲得合戦は今後、あらゆる業界のさまざまな職種で発生する可能性があります。

特に引き抜き先として狙われるのが中小企業です。中小企業は上場企業に比べて一般的に賃金は低いですから、上場企業が高給をエサに中小企業の優秀な人材を一本釣りするケースは今後ますます増えていくのではないかと懸念しています。

現在、中小企業の多くはコロナ禍以降の構造的な人手不足に苦しめられていますが、今後人的資本経営とジョブ型雇用がわが国の産業界にさらに浸透していけば、中小企業の人材難はますます深刻化していきます。

今すぐ何らかの手立てを講じなければ、座して死を待つことにもなりかねません。

第2章

効果のでない採用活動、
優秀な社員の引き抜き
魅力的な賃金を提示できない
中小企業経営者の苦悩は
さらに加速する

賃上げに苦しむ中小企業

大手企業の多くが4％以上の賃上げを行っていることに対して、中小企業の場合は大手企業とは賃上げの事情が異なります。

日本商工会議所が２０２３年２月、中小企業６０１３社を対象に行った「最低賃金および中小企業の賃金・雇用に関する調査」によれば、２０２３年度に賃上げ実施予定の中小企業は58・２％でした。前年同時期の調査から12・４ポイントアップしたものの、大企業まで含めた東京商工リサーチ調べの80・６％には遠く及びません。

しかも、賃上げ予定のうち62・２％までが、業績改善を伴わない「防衛的な賃上げ」だと回答しています。

つまり、本来であればとても賃上げできる財政状況ではないものの、泣く泣く賃上げに踏み切らざるを得ない企業が６割以上もある、というわけです。

また、賃上げすると回答した中小企業のうち、賃上げ率として最も多かったのが「２％以上」（58・６％）でした。前年まで、中小企業が賃上げする場合の賃上げ率は平均２％

●全体集計

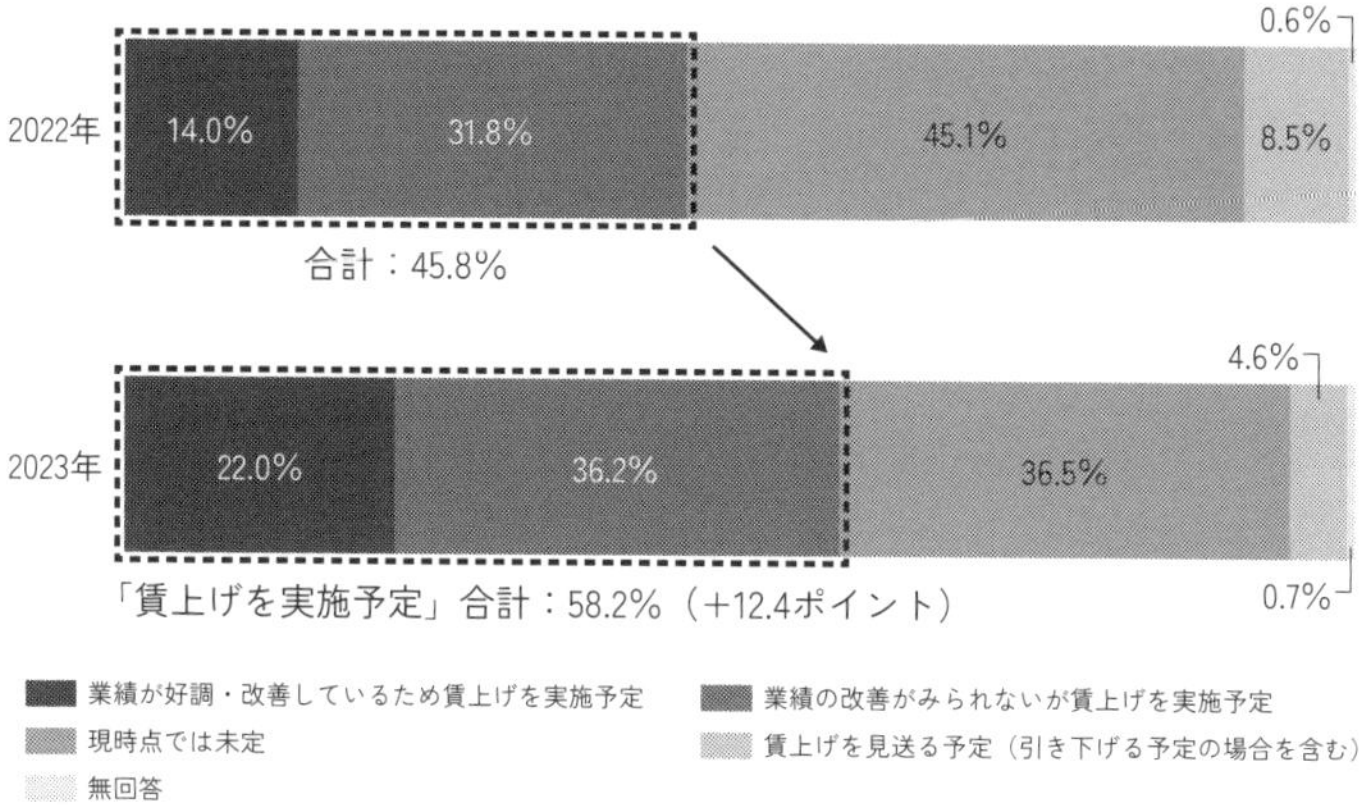

●賃上げ実施予定企業※を100とした場合の
「前向きな賃上げ」と「防御的な賃上げ」の割合

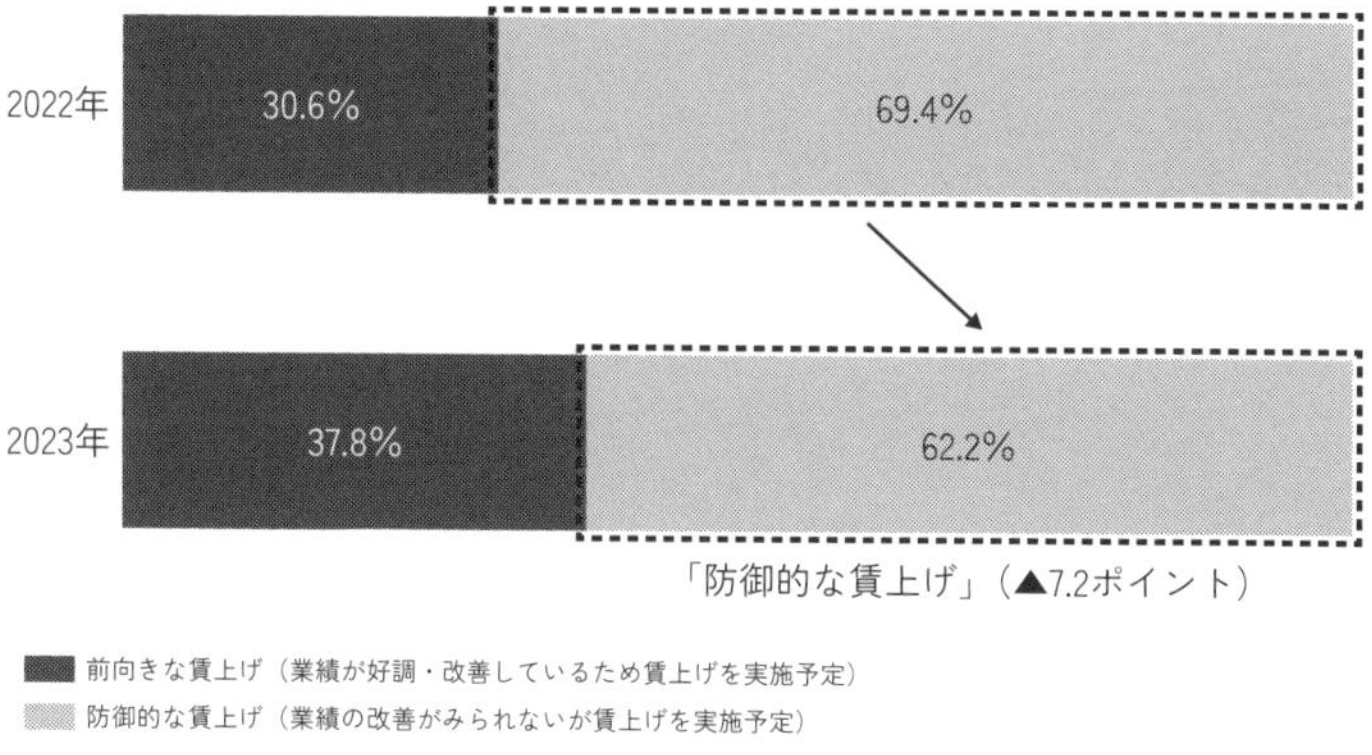

出典：日本商工会議所「最低賃金および中小企業の賃金・雇用に関する調査」

弱でしたから、今年は例年より頑張ったといえます。とはいえ、2022年秋からの消費者物価上昇率をカバーするといわれる「4％以上」賃上げする企業は18・7％にとどまりました。

昨秋からの物価上昇分まではカバーできないものの、とりあえず賃上げというお約束だけは果たした、ということと思われます。

私が知る中小企業の経営者のなかには、会社は儲かっていないので賃上げすること自体がそもそも現実的ではなく、従業員は事情を把握してくれているという経営者もいましたが、そういう会社には、今年だけは従業員の給料を1000円でも2000円でもいいから上げたほうがいいのではないかと提案をしました。そうでなければ、現在の従業員のモチベーションが下がり離職してしまう可能性が考えられたからです。

それほどまで、大手企業が実行した賃上げは、中小企業にも影響を及ぼしているのです。

深刻化する中小企業の人材難

私たちの社会保険労務士法人は、普段から人手不足で困っているとの声を中小企業の経営者たちからよく聞かされています。現状でさえ中小企業の人材難は深刻なのに、これ以上人材を大企業にもっていかれたら倒産しかねない、という悲痛な叫びも聞こえてきます。

とはいえ、大企業との人材獲得競争がいよいよ本格化するのは、まだ先になります。

その大きなきっかけとなった人的資本の情報開示義務が上場企業に課せられたのが２０２３年３月31日なので、その具体的な影響が労働市場に顕在化するまで、若干のタイムラグがあると思われます。

２０２３年版「中小企業白書」に掲載されている「業種別に見た、従業員数過不足ＤＩの推移」を見ると、２００８年以降２０１１年第１四半期頃まで、ほぼすべての業種において従業員数は過不足ないか、または過剰の状態でした。ここでいうＤＩとは企業の設備、雇用人員の指数化（Diffusion Index）のことです。

それが２０１３年第２四半期頃から一転して急速に人手不足感が強まり、年々その状況が拡大し続けていきます。２０２０年第１四半期に一転して「従業員数過剰」の方向に振れたのは、新型コロナ感染症のパンデミックに対する緊急事態宣言の発出等で、日本国内の経済活動がほぼ休止の状態に追い込まれたからです。

その後、パンデミックが沈静化するにつれて経済活動も徐々に再開され、再び人手不足

業種別に見た、従業員数過不足DIの推移

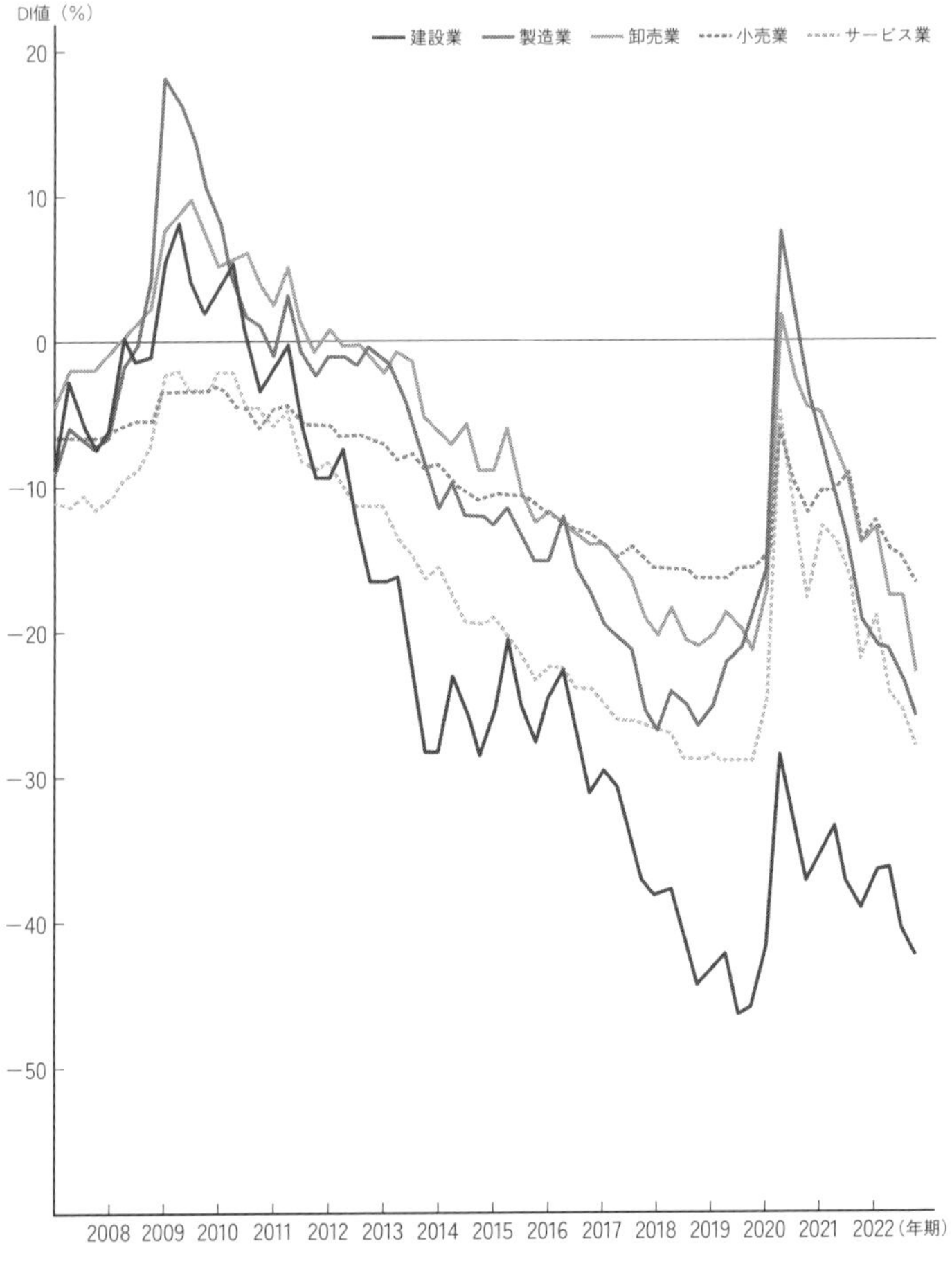

資料：中小企業庁・（独） 中小企業基盤整備機構「中小企業景況調査」
（注）従業員数過不足DIとは、従業員の今期の状況について、「過剰」と答えた企業の割合（%）から、「不足」と答えた企業の割合（%）を引いたもの。
（注）各年の第1四半期のデータ。
出典：中小企業白書 2023年版（中小企業庁）

の状態になり、その不足具合は拡大し続けています。

２０２２年第4四半期の時点で、建設業、製造業、卸売業、小売業、サービス業ともに、最悪だった新型コロナ直前の状況にまで、人材難は深刻化しています。

異次元の人材不足が中小企業を襲う

停滞していた経済が活況を取り戻し、そのため一時的に人手不足に陥っているのであれば、必ずしも悪いこととはいえません。景気が拡大すると売上が増大し、仕事量が増加するにつれ、従業員の補充のため採用が増加するというサイクルは、これまで日本経済の成長期に何度も見られた現象でした。

ところが、現在の日本経済、とりわけ中小企業が直面している人手不足は、これまでの景気が拡大していくサイクルとは少し事情が異なります。

日本政策金融公庫が発行している調査月報の２０２２年10月号に掲載された、『中小企業における人手不足問題の構造変化』と題するレポートの「売り上げの増減別にみた『求人難』の割合の推移」によると、売上が「増加した」企業ほど求人難になる確率は高くなっ

売り上げの増減別にみた「求人難」の割合の推移

（単位：％）

	1981〜2021年	1981〜1989年	1990〜1999年	2000〜2009年	2010〜2019年	2020〜2021年
増加	15.2	13.7	17.6	7.5	19.9	19.3
変わらず	10.7	8.0	11.6	4.6	16.3	18.9
減少	4.2	2.7	3.0	1.4	8.6	7.4

（注）１売り上げは前年同期比で尋ねたもの。
２個票をプールし、算出したもの。
３ｎ（回答数）の記載は省略した。

出典：日本政策金融公庫総合研究所「調査月報」（2022年10月号）

ています。

事実、１９８１年から２００９年までは、売上の「減少した」中小企業が求人難を訴える割合は２・７％、３・０％。１・４％と、高くありません。

ところが２０１０年以降では、売上が「減少した」にもかかわらず求人難となっている中小企業は８・６％、７・４％と増加しています。

つまり、仕事量や業務の忙しさに関係なく、中小企業の求人難は常態化しているといえるのです。

中小企業の採用状況

そこで、日本政策金融公庫総合研究所の「全国中小企業動向調査・中小企業編」（２０２２年１－３月期付帯調査）の調査結果である「10年前と比べた従業員の採用環境」の図を見ると、中小企業の人材難の実態がさらによく分かります。

10年前と比べて、「正社員を採用しにくくなった」と回答した企業は60・2％、逆に「採用しやすくなった」と回答した企業は８・６％。「非正社員を採用しにくくなった」と回

10年前と比べた従業員の採用環境

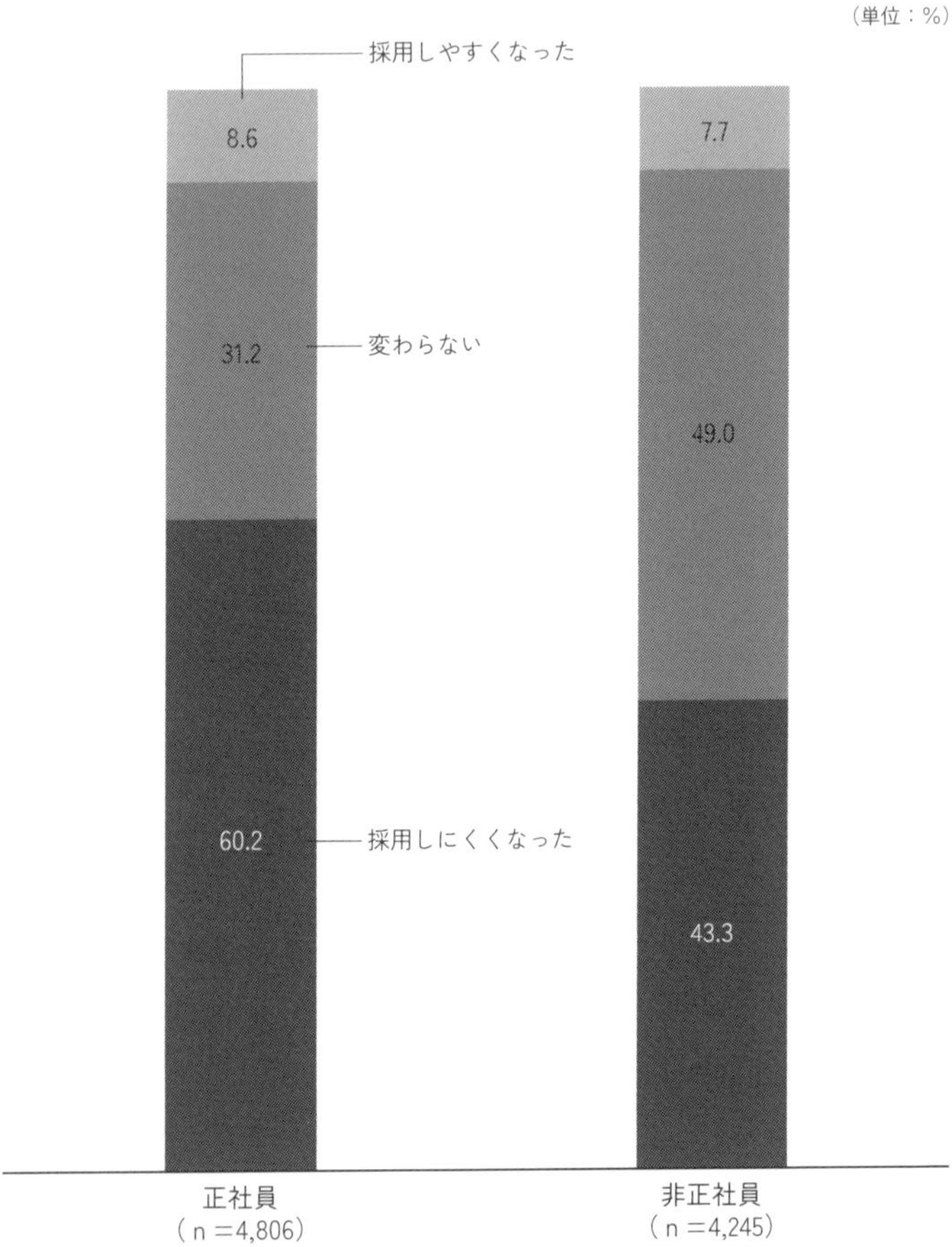

（注） 1 nは回答数。
2 小数第2位を四捨五入しているため、合計が100%にならない場合がある。

出典：日本政策金融公庫総合研究所「全国中小企業動向調査・中小企業編」（2022年1-3月期付帯調査）

答した企業は43・3％、逆に「採用しやすくなった」と回答した企業は7・7％となり、正社員も非正社員も、10年前より確実に採用しにくくなっています。

近年は景気の動向とは関係なく、中小企業が慢性的・構造的に人材難に陥っているといえます。

大手企業に太刀打ちできない中小企業

その大きな要因となっているのが、わが国における少子超高齢化社会の進展です。それに伴い、日本の生産年齢人口（15～64歳）は1995年の約8700万人をピークに年々減少を続けており、2015年には約7700万人、2020年には約7500万人にまで減少しました。

それに加えて、ここ10～15年ほどの間に、これまで就業していなかった女性と高齢者の就業率も着実に高まっており、女性や高齢者を新たな労働力として取り込むことも難しくなりました。

このように、わが国で労働者として働ける人の総人口は年々急速に小さくなっています。

高齢化の推移と将来推計

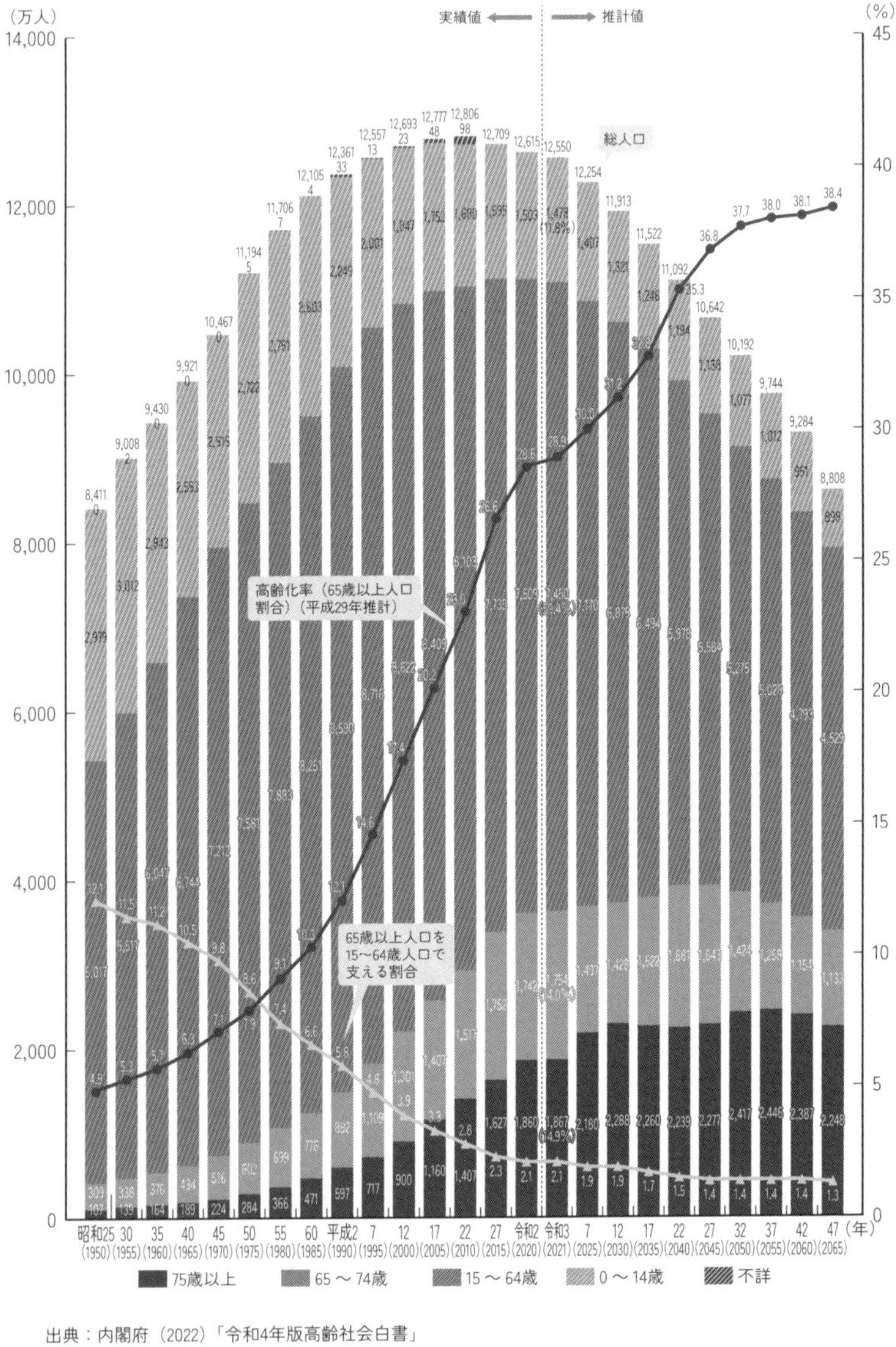

出典：内閣府（2022）「令和4年版高齢社会白書」

その小さくなったパイを、大企業と中小企業で奪い合う形になっているのが今日の労働市場なのです。

そして残念ながら、待遇面等でハンディのある中小企業は、いまのところ人材獲得合戦で大企業に負け続けています。

業績にダメージを及ぼす人材不足

では、人手不足の状態に陥っている中小企業が、具体的にどんな影響を受けているのかというと、日本政策金融公庫総合研究所の「全国中小企業動向調査・中小企業編」（２０２２年１－３月期付帯調査）の「現在、正社員または非正社員が不足している」と回答した企業に聞いた「人手不足の影響」を見ると分かります。

ここでは、人手不足による影響は、「売上機会を逸失」「残業代、外注費等のコストが増加し、利益が減少」「納期の長期化、遅延の発生」の順に多く、全体の75％以上の企業が人手不足により業績を悪化させていることが理解できます。

もちろん、中小企業の経営者サイドも、業績を悪化させている人手不足の問題について、

人手不足の影響（全業種計）

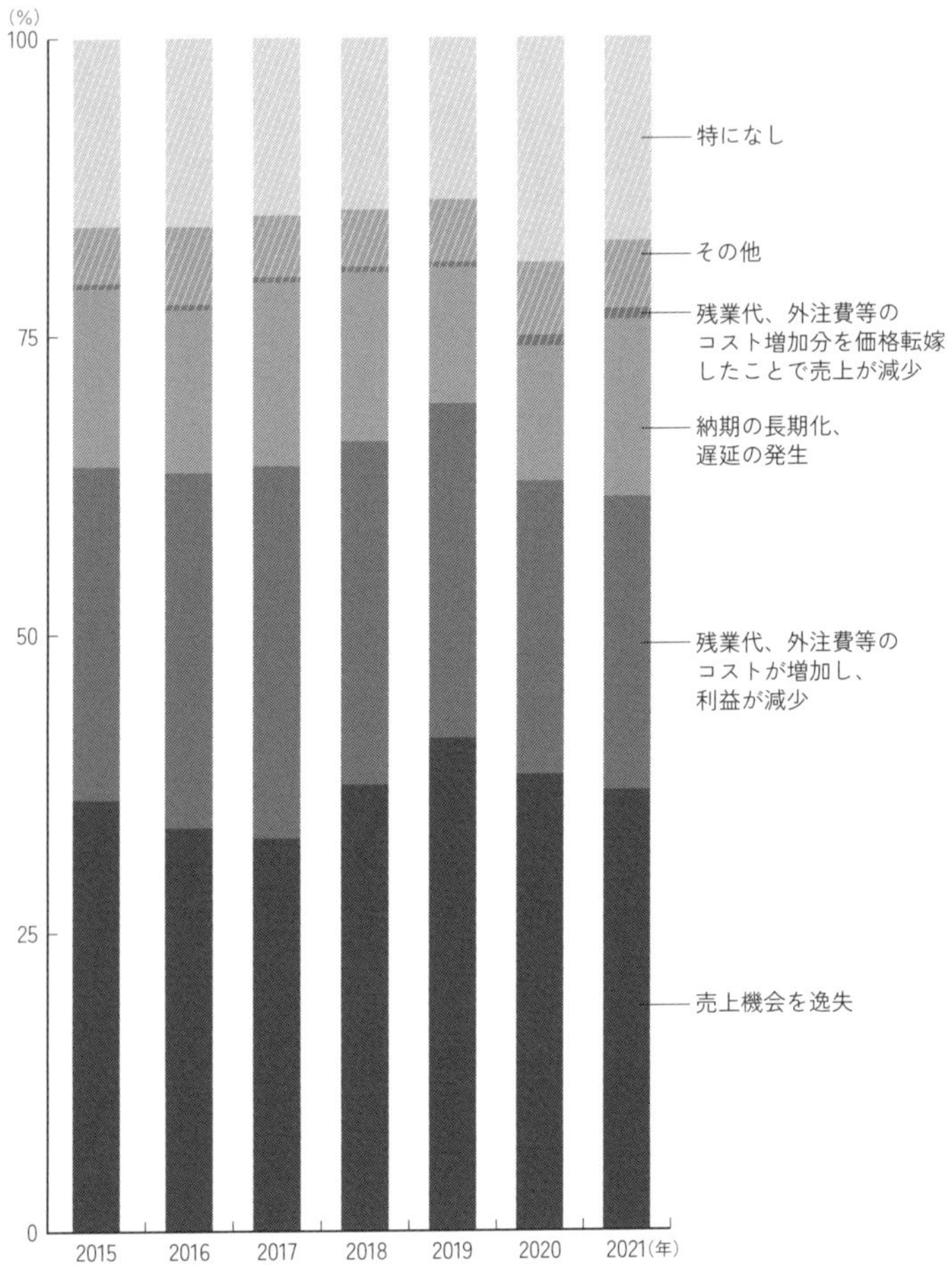

（注）1 正社員または非正社員が「不足」と回答した企業に尋ねたもの。
2 2015年より尋ねている。
3 n（回答数）の記載は省略した。

出典：日本政策金融公庫総合研究所「調査月報」（2022年10月号）

人材確保のための方策（複数回答）

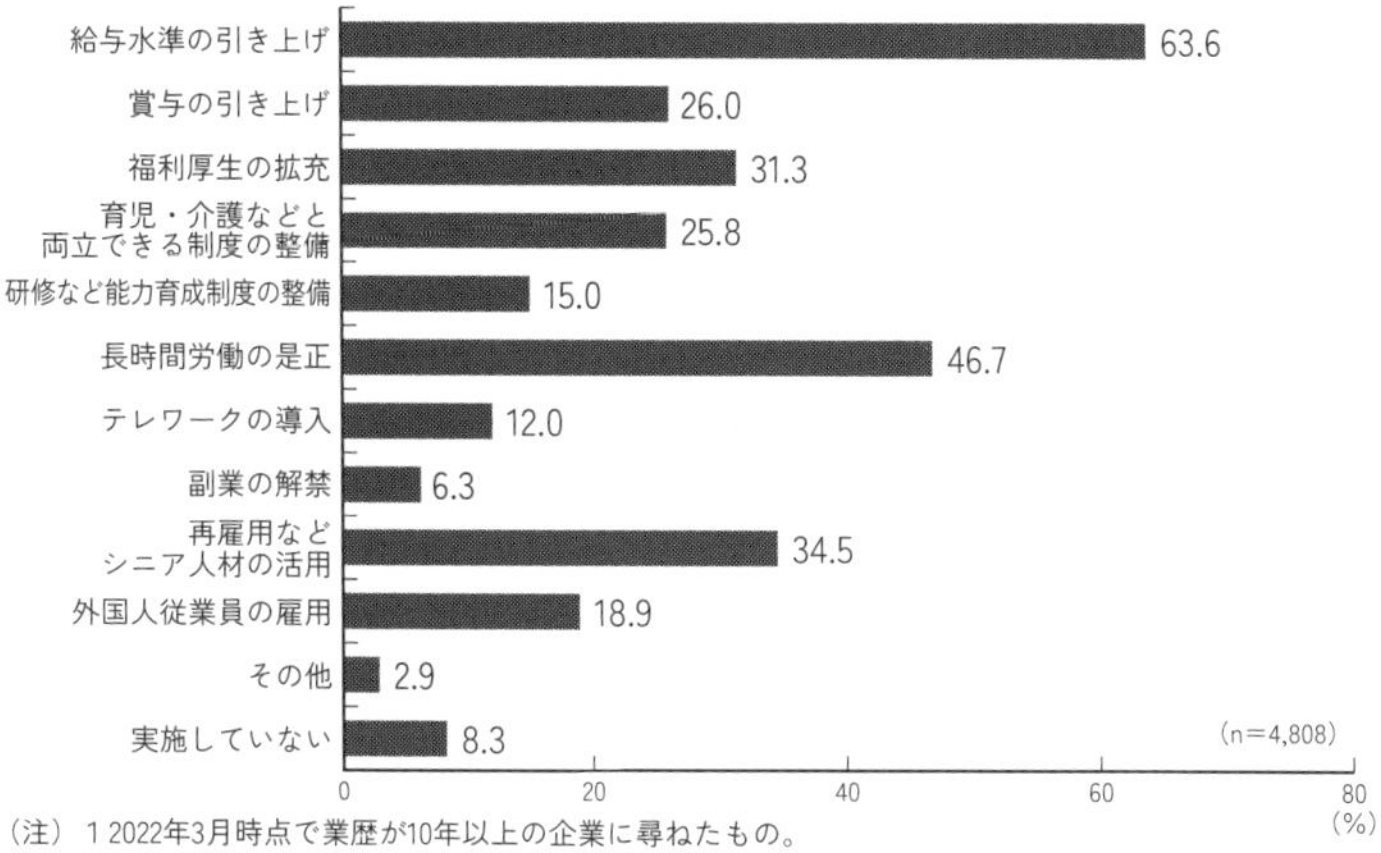

（注）1 2022年3月時点で業歴が10年以上の企業に尋ねたもの。
2 nは回答数。
出典：日本政策金融公庫総合研究所「調査月報」（2022年10月号）

そのまま手をこまねいて見ているわけではありません。

そこで、「人材を確保するためにどんな方策を取っているか？」と聞いた結果では、回答の多い順に「給与水準の引き上げ」「長時間労働の是正」「再雇用などシニア人材の活用」「福利厚生の拡充」「賞与の引き上げ」といった方策が挙げられています。

人材確保には待遇面での改善が必要だと多くの経営者が考えているのが分かります。

大手企業の工場新設で従業員が大量流出

ある地方都市の郊外にある工業団地が整

備されたのは今から40年以上前で、20以上ある区画は主に中小企業の工場が入っていました。業種と分野はまちまちですが、工業団地内にある企業同士の付き合いも長く、工場内に流れる空気は比較的和やかでした。

空気が一変したのは工業団地内にある2社の3工場が、東京に本社をもつ大手メーカーに買収されてからです。2つの会社がM&Aで工場ごと会社を売却した理由は、後継者不在と業績の悪化でした。

2社を買収した大手メーカーはただちに3つの工場を取り壊し、新工場の建設に着手します。2社の3工場は区画が連続していたので、3区画分使えば、かなり大規模な工場が整備できます。

新工場が完成すると、工場従業員募集の大々的なキャンペーンを展開し始めました。大手メーカーの「新工場オープン！　従業員1000名大募集！　未経験も経験者も大歓迎！」というポスターがその地域を席巻したのです。

工業団地内で働いている従業員は約1500人に対して、あからさまに勧誘の声掛けをすることはありませんでしたが、事実上の引き抜き行為であることは明白でした。

なぜなら、その地域は工業団地周辺以外の人口密度が極端に低く、工業団地内で働いている1500名の転職をある程度計算に入れなければ、1000名の従業員を集めることなど絶対に不可能だったからです。

しかも、大手メーカーが提示している給与の支給額は現在の工場勤務の給料のおよそ1・5倍にあたります。

この高給には、同じ工業団地内で働く多くの労働者が心を動かされました。現在勤めている会社に義理や愛着があるものの、年収が1・5倍になれば、自身の生活のステージが大きく変わります。

結局、同じ工業団地内で、数百人規模で大手メーカーへの移動がありました。その結果、中小企業の数社が、人手不足による労務倒産に追い込まれました。

以前和やかだった工業団地内の空気は一変し、殺伐としたものに変わってしまいました。また、それを理由に、工業団地の外に流出した人材も意外に多かったと聞いています。

社員の流出を防ぐため、中小企業の1社は家族手当や住宅手当を新設し、社員の給料を月2万円アップしたのですが、流出を食い止めることはできませんでした。

それでも、事業は何とか続けようと思い、発注元であるメーカーとも相談し、従業員を何人か出向してもらえないか打診したようですが、解決策は見いだせず、生産ラインなど残った設備を同業他社に売却するなどして、事業を清算することになりました。

歴史ある地方の工業団地に大手メーカーの工場が進出したことで、工業団地内で大量の人材流出が起こり、中小企業7社が労務倒産してしまいました。大企業が高給・厚遇をアピールし人材獲得競争に出ると、財力に劣る中小企業はひとたまりもありません。

このケースの唯一の救いは、人材流出がありながら何とか倒産を免れた2社が、決死の覚悟で大胆な設備投資を実行し、生産ラインの大幅な省力化を実現、少ない従業員での業務継続を可能にしたことです。

あらゆる求人広告を打っても応募者ゼロ

東北地方の県庁所在地に本社をもつ社員150名ほどの中堅警備会社では、勤続年数10年以上のベテラン社員が多く、その理由としては面倒見のいい人事部長の人柄によるところが大きかったようです。

そんな会社にとってかけがえのない最重要人物だった人事部長が、ある日突然、心疾患で帰らぬ人になってしまいました。

会社は急遽、後任探しに奔走します。警備員のシフト管理など、細かな通常業務は以前からいる人事部スタッフでもできるのですが、緊急時のシフトチェンジや交通事故対応、さらにはスタッフ採用時の面接など、警備会社の人事に精通する経験豊富な人材がすぐにでも必要になったからです。

そこで、地元のハローワークはもちろん、全国紙などの新聞や市報、コミュニティー誌などの紙媒体や、各種求人サイトなどネット媒体に人事部責任者の求人広告を打ちました。しかし、1週間経っても2週間経っても、応募者はなく、反響がまったくありません。社内ではとりあえずの対策として、人事課長を人事部次長に昇格させて難しい業務を担当させましたが、やはり力不足で、現場は混乱していました。

幸いにも、その時点ではまだ大事故や大事件は起きていませんが、警備の現場ではいつ何が起きるか分かりません。とにかく、人事部の司令塔をいち早く立てることが、喫緊の課題となっていました。

そこで、スカウト型人材紹介サービスを利用することにしました。

そのサービスを通じて紹介されたのが、45歳のEさんです。同業の警備会社で人事部長として年収600万円をもらっていたため、今回も年収600万円を希望していましたが、半年間の試用期間を設け、1年目は年収500万円で納得してもらいました。

それでも、人材紹介サービス会社には、紹介してもらった人の年収の2分の1、すなわち250万円を支払わなければなりません。

社長と取締役たちの期待を一身に背負って人事部長の要職に就いたEさんですが、人事部長としてはほとんど使えませんでした。いちおう人事部の仕事の進め方を知っているだけで、いわゆる道路三法（道路法、道路交通法、道路運送車両法）についての知識はあやふやであり、突発的な事態にはまったく対応できませんでした。

何より致命的だったのは、コミュニケーション能力が著しく欠如していたことです。日常の挨拶さえまともにできないようでは、現場の警備スタッフはついてきません。

あまりにも会社が求めていた人材ではないため、Eさんには試用期間2カ月目で辞めてもらうこととなりました。

このように中小企業では、求める人材が必ずしも早急には確保できないことが多いのです。さまざまな媒体を活用し求人をしても応募がないこともあり、中小企業の大きな悩みといえます。

若手ホープを大企業に奪われる

自社で育成した優秀な人材を大企業に引き抜かれることも、中小企業が現在直面している人材難の一つのパターンといえます。中小企業が若手社員を未経験者として採用し、時間と費用を掛けてスキルや経験、資格を身につけてもらい、将来の幹部候補生として大切に育ててきたのに、ある日突然、大企業に流出してしまう……ということもあります。

ここ数年、スカウト系人材紹介サービスの利用者が急増するにつれて、こうしたケースを頻繁に耳にするようになりました。

ある地方都市の自動車整備会社では、高校を卒業してから入社した社員を幹部候補生として大切に育てていました。師匠ともいえるベテラン整備士から具体的な整備や修理の方法を学び、本人も自動車整備士の資格を取りたいと公言していたこともあり、社長は会社を挙げて応援しようと、都道府県の自動車整備商工組合が毎年実施している「自動車整備技術講習」に快く送り出していきます。

そのかいあって、2級自動車整備士の資格を取得し、その後もアーク溶接作業者、ガス溶接作業主任者などさまざまな資格を取得していきます。その社員は会社の若手ホープとして活躍するほどになり、会社にとっては欠かせない人材になっていったのです。

しかし、その後その若手ホープは人材紹介サービスに自身で登録し、待遇面で好条件を提示した大手メーカーへと転職をしてしまいました。

約10年ほど働いてくれて、これから整備工場を任せられるような人材でしたが、中小企業とは異なり、資金に余裕がある大手企業へと人材が奪われてしまったのです。

人を採用できず、流出も止まらない中小企業

今、中小企業が直面している人材難は極めて深刻です。人を採りたくても、新卒はもちろん中途でも採用は難しいです。それどころか、いつ貴重な人材が流出してしまうか分かりません。中小企業の人材戦略にとっては、まさに冬の時代を迎えているといえます。

しかも、この冬はまだまだ入り口に過ぎません。これから先、大企業が人的資本経営とジョブ型雇用の導入を本格化させれば、中小企業はすべてが凍りつく極寒の厳冬を迎えることになります。

企業数（421.0万社）

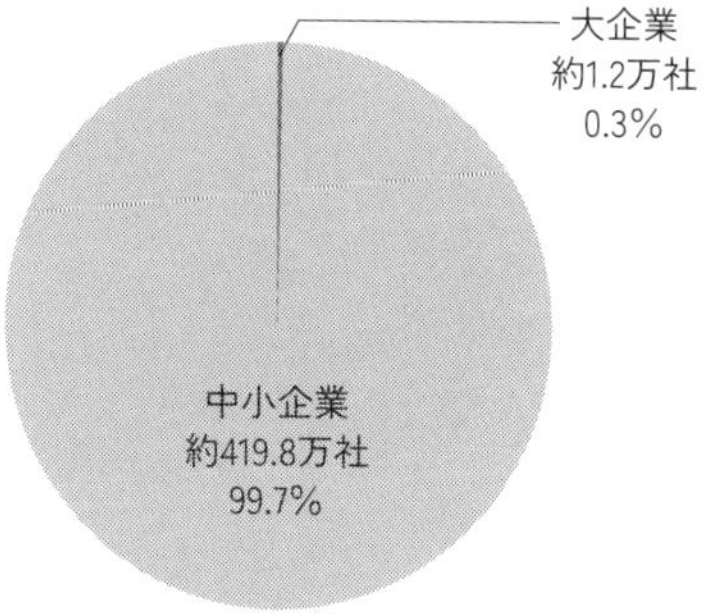

中小企業の定義／製造業：資本金3億円以下または従業員数300人以下
卸売業：資本金1億円以下または従業員数100人以下
小売業：資本金5千万円以下または従業員数50人以下
サービス業：資本金5千万円以下または従業員数100人以下

出典：経済産業省「工業統計表」、総務省「事業所・企業統計調査」

なぜなら、大企業はこれから死にものぐるいで人材獲得競争に乗り出すと考えられるからです。

人的資本経営は今、世界で活躍する企業のグローバル・スタンダードになっています。そして遅ればせながら、日本企業もようやくその流れに追随しようとしています。

人的資本経営にとって何より重視されるのは、もちろん「人」です。土地よりも金融資産よりも設備投資よりも、人材の質と量がその企業の成長性と持続可能性を見る尺度になります。

もしも投資家や株主から人材に問題ありと判定されたら、企業価値はその時点で凋落します。

だからこそ企業は、自社の経営戦略に合致した人材戦略を構築し、その戦略に必要な人材を持続可能な形で調達し続ける必要があります。

もし、それに相応しい人材が社内にいないとなれば、いち早く人材育成計画に着手すると同時に、大金を出して外部から招聘し、獲得しようとするはずです。

その際、格好の狩り場となるのが中小企業です。特に日本の場合、企業全体の99％を中小企業が占めており、優秀な人材も数多く中小企業に在籍しています。

そこで、大企業が財力に物を言わせ、中小企業には提示不能な好条件でオファーを掛ければ、欲しい人材はたいてい手に入ってしまうと思います。

しかも今日の労働市場は、人材スカウト花盛りです。ほぼすべての求職者が複数の人材紹介サイトに登録していますから、大企業側からすれば、優秀な人材を発見し、個別にコンタクトを取ることも簡単にできてしまうのです。

中小企業の人材を狙っているのは、何も大企業ばかりではありません。中小企業同士で労働力を奪い合う熾烈な戦いがすでに始まっているのです。

第3章

人材流出を防ぎ、
社員のモチベーションを上げる
中小企業の賃金制度改革とは？

ジョブ型雇用は中小企業の企業価値も高める

人的資本経営とジョブ型雇用という新たな波の影響で大企業は今後、自社の企業価値を維持し、さらに高めるために、本格的な人材獲得戦略を打ち出してくると思います。日本企業が欧米諸国並みに労働生産性を高め、世界のグローバル企業と互角に戦っていくためには、こうした新たなトレンドをいち早く導入しなければなりません。

そうすれば、30年間賃金が上がらず、世界経済のなかで日本だけ一人負けの状態が続いている現状を打開し、未来に向けて力強く躍進していくための起爆剤にもなり得るはずです。

どちらも、日本企業と日本経済にとって、これから大きく発展していくためにどうしても必要なシステムなのです。

中小企業についても、実は同じことがいえます。市場経済が高度にグローバル化している今日、たとえ海外と何の接点もない中小企業であっても、その企業活動が時流に正しく適応したものでなければ、持続可能な成長は望めません。

つまり、中小企業もまた、人的資本経営とジョブ型雇用の導入に関して、真剣に検討すべき時期に来ているわけです。導入した暁には、中小企業の企業としての価値が高まり、業績が飛躍的に向上する可能性も大きく膨らみます。

さらにいえば、今現在深刻な人材難に直面し、今後その状況がさらに悪化しそうな中小企業だからこそ、人的資本経営とジョブ型雇用が必要だと、逆説的にいうこともできます。なぜなら、人的資本経営もジョブ型雇用も、何よりヒトを大切にする経営手法だからです。自社の優秀な従業員を大企業に引き抜かれないようにするためには、これまで以上に従業員を大切にする施策を実行しなければなりません。

ただし、人的資本経営とジョブ型雇用を導入するには、それなりの労力と時間とコストが掛かります。

中小企業版ジョブ型雇用のメリット

大企業を含む上場企業の場合、金融商品取引法、育児・介護休業法、女性活躍推進法の規定により、人的資本の情報開示が義務化されています。

ジョブ型雇用導入のメリット

1	従業員一人ひとりに寄り添った会社経営が可能になり、従業員一人ひとりのモチベーションとエンゲージメントが高まり、コミュニケーションが密になり、組織が活性化する。その結果として、業績拡大が期待できる。
2	社内の優秀な人材に相応しい職務、職位、待遇を用意できるため、人材本人の働きがいが増大し、社外に流出しにくくなる（離職しにくくなる）
3	中期的にわたって雇用と労働力が安定し、企業の持続可能な成長につながる

著者作成

つまり、人的資本経営の実践と、そのベースとなるジョブ型雇用の実践は、大企業にとってマストの選択で、どうしても避けては通れない道なのです。

ところが中小企業には、そういった法的規制は存在しません。人的資本経営を導入するのも、ジョブ型雇用を導入するのも、中小企業側の自由です。もちろん、どちらも導入しないという選択肢だってあります。

しかし私に言わせれば、ここでジョブ型雇用を導入しない、という選択肢はありません。世界の労働市場で無形資産、人的資本への関心が高まり、ＩＳＯ３０４１４をはじめ人的資本を評価するためのガイドラインが整備されつつある今、ヒトを大事にする経営を実践できる環境が着実に整いつつあります。この時流に乗らない手はありません。

しかも中小企業には、大企業、上場企業に課せられているような法的規制が存在しません。

つまり中小企業は、ジョブ型雇用のおいしいところを、できる範囲でチョイスして導入することが可能なのです。

ジョブ型雇用のおいしいところ、すなわち、中小企業がジョブ型雇用を導入することで得られるメリットは次の3つです。

ここ数年、人材流出の危機に直面している中小企業にとって、社内の優秀な人材をつなぎ止めておけるという点で、メリット2は特に大きいと思います。

従業員一人ひとりに適した賃金制度

ジョブ型雇用は職種を設定し、それに相応しい従業員を年齢・職位・勤続年数に関係なく配置することなので、本人にやる気と職務遂行能力さえあれば、若くても重要な職種に抜擢します。

経営者側から見ると、年功序列で昇進昇格したいわゆる働かない人々を廃し、意欲も能力もある将来有望な若手社員を躊躇なく重要ポストに配置できるということになります。

これにより、会社全体の労働生産性が一気に高まるだけでなく、若く優秀な人材が社外に流出しにくくなるというメリットがあります。

このメリットを活かそうとするのであれば、ジョブ型雇用で行うことは、自ずと決まってきます。意欲も能力もある将来有望な若手社員を登用できるような職種を設定し、そこにその人材を配置すればいいのです。

私が提唱する「中小企業版ジョブ型雇用」の最大の特長もここにあります。大企業が現在進めているジョブ型雇用の導入は、社内の全職種・全従業員が対象になります。人的資本の情報開示が義務化されている以上、恣意的に特定の従業員だけを選んで適応するということができません。

そのため、人事部や人材開発室の作業は膨大なものになり、従業員のなかにはジョブ型雇用に適応しにくい人材も出てきてしまいます。

その点、中小企業は人的資本の情報開示が義務化されていないので、そもそもジョブ型雇用を導入するかどうかも選べますし、どの従業員をジョブ型雇用に当てはめるかも自由です。

だとすれば、ジョブ型雇用することがプラスになる人材についてのみ、この新たな雇用スタイルを導入すればいいのです。

このように説明すると、特定の従業員にだけジョブ型雇用を適用するのは公平公正の精神に反するのではないか、ジョブ型雇用が適用されない従業員と適用される従業員とで差が生まれ職場の空気や人間関係が険悪になるのではないか、というような疑問を思い浮かべる人も少なからずいると思います。しかし、そういった心配は一切無用です。

私は過去40年間で中小企業を中心に2500社以上の人事・労務コンサルティングに関わってきました。そうした経験から、中小企業で働く人の多くは、公平・公正な全従業員横並びの処遇など求めていないことを知っています。

また、ポストや賃金に対して大きな不満をもっている人はそれほど多くなく、すべての人が上昇志向、キャリア志向というわけでもありません。

むしろ、ジョブ型雇用という新しい雇用形態を望んでいるわけではなく、従来のメンバーシップ型雇用でいいという現状維持派が実は多数派なのです。

そのため、全員一律にジョブ型雇用を導入しようとすると、現状維持派の人たちにとってはむしろ迷惑であり、そこから新たな不平不満の火種が生まれる恐れがあります。

そのような従業員の思いとは逆に、善良で良識ある中小企業経営者の人ほど、公平公正を重視してしまう傾向にあります。ある制度を特定の従業員にだけ適用するのは、えこひいきであり、例外をつくるのは良くないと考えてしまっているのです。

しかし、私のような外部の人間から見ると、そこにしばしばボタンの掛け違いがあると感じます。

例えば1990年代以降、日本企業においては、新たな人事制度を導入しようという動きがいくつもありました。企業内専門職制度、成果主義、タレントマネジメント、働き方改革などといったものです。

このほかにも、始業前の清掃活動とか、朝礼時の一言コメントなど、企業ごとに新たな取り組みを始めるケースをいくつも見てきましたが、従業員が全員一律で何かを始めようとすると、決まって抵抗勢力が現れ、反対意見を言って素直に従おうとせず、ほかの従業員の気勢ややる気をそぐケースを何度も目にしてきました。

およそどんな組織にも、現状維持派は必ず存在します。従業員数の少ない中小企業ほど、みんなの足を引っ張る反対勢力の悪い影響を受けやすくなるので、業務改善のために何か新しい取り組みを始めても、志半ばで頓挫してしまうケースが実に多いのです。

中小企業版ジョブ型雇用の導入にあたっては、従業員全員一律という発想を思い切って捨てる必要があります。そもそもジョブ型雇用は、従来のメンバーシップ型雇用とはまったくの別物なのです。

人材を3つの「人財」にカテゴライズ

中小企業版ジョブ型雇用は、従業員全員一律に適用するのではなく、将来有望な若手社員にスポットを当て、社外流出を防ぐために上手に活用すべきです。

そこで導入前に明らかにしておきたいのが、従業員のカテゴライズ（分類）です。従業員を次の3つのカテゴリーに分類すると分かりやすいと思います。

なお、人材＝会社の財産という観点から、あえて「人財」と表記しています。また、この分類については、経営者と役員のみで共有し、当事者である従業員には知られないほう

「人財」を3のカテゴリーに分類

期待人財	上昇志向・キャリア志向が強く、新たな仕事・責任がある仕事に挑戦したいという意欲に満ち、能力・潜在能力が高く、将来の幹部候補生たる従業員。会社側から、期待されていることを実感できている人。
高度安定人財	上昇志向はそれなりに強く、日常業務にも意欲的に取り組んでおり、潜在能力の高さが伺える従業員。チャレンジ精神は垣間見えるものの、家庭環境など諸般の事情で「今はまだ新しいことにチャレンジするタイミングではない」と考えている人。近い将来、期待人財への転向・昇格が期待される人。
安定人財	キャリアアップについては特に考えていない現状維持派の従業員。新たな仕事に挑戦するより、勝手の分かっている日常業務をミスなく淡々とこなすことで安定収入を得たいと考えている人。

著者作成

が望ましいといえます。

それぞれの人財が存在する比率は、例えば、従業員100名の会社であれば、期待人財が10〜15人、高度安定人財が15〜20人、安定人財が70人前後といったところです。

もちろん、この比率は会社ごとに異なるわけですが、これまで数多くの中小企業と関わってきた私の経験でいえば、この比率からそれほど大きくは外れないはずです。

これら3つの分類のなかで、会社として守らなければいけないのはもちろん、期待人財です。期待人財は能力も労働意欲も高いものの、上昇志向が強く、職務も待遇もより高みを目指しているので、スカウト型転職サイト等に登録しているケースが多く、大企業から好条件のオファーをもらった場合、転職して社外に流出してしまう確率が極めて高いからです。

別の言い方をすれば、中小企業は期待人財の流出を防ぐためにジョブ型雇用を導入すべき、ということにもなります。

失敗しない中小企業版ジョブ型雇用

私は、すでに多くの中小企業に対して、ジョブ型雇用導入を進めており、有効なノウハウやメソッドも少しずつ獲得しています。

中小企業版ジョブ型雇用導入のための作業手順としては、私は次のようなステップを推奨しています。

従業員調査票＋個人面談による期待人財の定義づけ

中小企業版ジョブ型雇用導入のための第一歩は、従業員調査票をベースにした、個人面談による聞き取り調査です。

目的は、従業員のなかの誰が期待人財となり得るかを見極めることです。全工程のなかで最も注意すべき重要な工程であり、この段階を問題なくクリアできるかどうかで、ジョブ型雇用導入に成功するか、はたまた失敗するかが決まります。

使用する従業員調査票には、図のような質問と選択肢を記しておきます。調査票の質問と選択肢を見て、ずいぶんあっさりとした簡便な調査だ、と感じた人もいると思います。しかし、新たな制度を導入するためのとっかかりとしては、この簡便さこそが重要なのです。中小企業の従業員のなかには、面倒臭いこと、小難しいこと、あるいはちょっとした現状変更に対して、あからさまに拒否反応を示す人が一定数存在します。

ジョブ型雇用の導入においても、強固な現状維持派は強固な抵抗勢力になり得ます。さらに困ったことに、強固な現状維持派の踏むブレーキは極めて強烈です。彼ら、彼女らの一人が否定的な意見を言い出すと、それまでやる気になっていた人たちまで、途端にその

従業員調査票（サンプル）

質問内容	回答例
自分が会社からどの程度期待されていると感じますか？	①幹部候補として期待されている ②さらに成長していく人材として期待されている ③現状のパフォーマンスを引き続き期待されている
より多く、より難しい仕事にチャレンジしていきたいですか？	①チャレンジしたい ②現状を維持したい
働き方について配慮が必要ですか？	①必要ない ②今（1年以内）は必要 ③今（1年以上）は必要 ④ずっと必要
勤務時間以外に自己研鑽の時間をつくりたいですか？	①つくりたい ②つくりたくない
管理職にチャレンジしたい（または現状、管理職である）	①はい ②いいえ
店舗運営だけでなく、会社経営全体に関わる仕事に携わりたい	①はい ②いいえ

著者作成

雰囲気に飲まれていきます。

職場の空気も一気に悪くなってしまい、そうなると新たなプロジェクトは頓挫します。それだけに、スタートは慎重にかつできるだけ簡単な質問で行います。

もう1つ重要なのは、ジョブ型雇用を導入することについて、従業員一人ひとりと面談しながら丁寧に伝えていくことです。なんの根回しもせず、いきなり新制度について朝礼などで従業員に一斉に公表すると、一部の人にヘソを曲げられる恐れがあります。

そうなると、その人は反対勢力に回ってしまうので、そんな事態を避けるために、一斉アナウンスは避けるべきです。

●面談者を誰にするか?

中小企業版ジョブ型雇用の導入は、従業員一人ひとりにきめ細かく対応しながら進めていきます。

その際、決めておかなければならないのが、面談者を誰にするかです。従業員50名前後の会社であれば、トップである社長が面談するのが最も相応しいと思います。従業員

100名以上になってくると、社長と役員とで分担する手もあります。

基本はあくまでも1対1で、ジョブ型という新しい人事制度を導入するけど、今までどおり従業員一人ひとりを大切にするし、個々人の声にもしっかり耳を傾けるよという経営者側の姿勢をしっかりアピールすることが重要です。

面談者が複数いる場合は、従業員Aさんの寄り添い人はZさんというように、一人の従業員に対して面談者を固定します。

ジョブ型雇用導入までには、従業員と最低でも4回面談する必要があるので、面談者は過去の面談の経緯をしっかり把握しておかなければ信頼関係が醸成できないですし、相談するのにも無駄な時間が掛かってしまいます。

なかには、面談が苦手という経営者や役員の人がいる場合もあります。そんなときは、思い切って外部の人に委託するのも一つの方法です。

また従業員調査票は、その面談をするときに使います。事前に調査票を配って回答してもらおうとすると、やはり一部の人は否定的に感じてしまうので、個々人の調査票は社長または役員が手元に置いておいて、面談時に相手の話を聞きながら選択肢を一つひとつ確認していきます。

期待人財の明確化のスコア表

社員の９ステージ（期待人財の明確化）

質問１～４は全業種共通項目

質問５～６は業界固有の項目

尺度	質問1	質問2	質問3	質問4	質問5	質問6
9	①	①	①	①	①	①
8	①	①	①	①	①	①
7	②	①	①	①	①	②
6	②	①	②	①	②	②
5	③	②	②	②	②	②
4	③	②	③	②	②	②
3	③	②	③	②	②	②
2	③	②	④	②	②	②
1	③	②	④	②	②	②

著者作成

●誰から面談するか？

従業員の誰から面談を始めるのか、その順番も極めて重要です。基本的には、職場ごとに職位の上の者からスタートし、順次下位へと下りていきます。面談時間は一人30分以内で、一度の面談で従業員の声を十分聞き出せなかった場合には、二度、三度と面談を繰り返します。最初が肝心なので、時間を掛けて丁寧にコミュニケーションを取ります。

同じ職位であれば、反対勢力に回りそうな強固な現状維持派から優先して面談します。打ち解けて本音を聞き出せるようになるまで、多少時間が掛かる場合もありますが、最も難しい人に最初に話をもっていき、最初に攻略することが、結果として見れば最も早道になるはずです。

面談では、従業員調査票を用いて各従業員には質問1から6までの選択肢を選んでもらい、その回答からスコアを割り出し、期待人財となり得るかどうかを判定します。

判定基準は図のとおりです。

評価の仕方は極めてシンプルです。従業員ごとに回答した選択肢をマーキングしていき、横並びで最も多くの回答が並んでいるラインをその従業員の尺度とします。尺度9～6は期待人財と判断し、尺度5～1は高度安定人財または安定人財の分類で分けていきます。

このように数値化し、従業員を期待人財、高度安定人材または安定人財にカテゴライズします。

抵抗勢力予備軍をどう取り込むか

私が提唱している中小企業版ジョブ型雇用のキーワードは「十人十色」です。大企業のように、すべての従業員をジョブ型に移行させるわけではなく、中小企業では、従業員一人ひとりを見て現状の雇用形態で満足なのか、キャリア志向が高くジョブ型を望んでいるのかを判断していきます。

10人の従業員がいれば10通りの働き方があるし、100人いれば100通りの働き方があっていいのです。それが中小企業ならではの、従業員一人ひとりに寄り添う会社経営なのだと思います。

さて、中小企業版ジョブ型雇用を新たに導入する際に、気をつけなければならないのが、何かと抵抗勢力に回りそうな強固な現状維持派の従業員です。私は、現状維持派の人材を安定人財、キャリア志向が強くチャレンジ精神に富んでいる人材を期待人材と呼んでいます。

コロナ禍前であれば、忘年会、新年会、送別会、歓迎会、社員旅行など、会社側が安定人財の人をフォローする機会はいくらでもありました。

しかしコロナ禍以降、社内でコミュニケーションを図る機会がめっきり減ってしまったので、普段黙々と働いてくれている安定人財の人には、誰も評価してくれないというフラストレーションが溜まっているはずです。そんな鬱積した思いを面談時に解きほぐしてあげることが大切です。

面談時のポイントは2点あります。1つは、たとえジョブ型雇用という新たな働き方を導入しても、あなたには今までどおり仕事を続けてほしく、それを会社としても期待し、評価もしていると言葉に出して伝えることです。

そしてもう1つが、たとえ職場環境が変わっても、サポーターという新たなポジションが与えられると保証することです。

この2点をしっかり伝えることができれば、抵抗勢力になりそうな強固な現状維持派の従業員も、ジョブ型雇用という新たな枠組みにしっかり取り込むことができます。

なんといっても忘れてはいけないのは、大きなトラブルもなく働いてもらっている安定人財の人たちへの「感謝の気持ち」だと私は思います。

個別の職務定義書を作成する

経営者または役員がすべての従業員と1対1で面談し、その際の聞き取り調査から期待人財、高度安定人財、安定人財のどれに当てはめるのかというカテゴライズを終えたら、次の工程は職務定義書の作成になります。

ジョブ型雇用とは、まず仕事（職務）があって、その仕事に取り組む人材を当てはめる雇用形態となるため、仕事の詳細を記している職務定義書が必要となります。英語でいえば「ジョブ・ディスクリプション（job description）」と表現をし、職務記述書と訳される場合もあります。

欧米ではすでに一般化している仕事の説明書で、担当するポジション、業務内容や業務の目的、責任や権限の範囲、業務遂行に求められる資格・スキル・知識などをまとめた書類のことです。求職者はこれを読んで自分に適合する仕事かどうかを確認できます。

また企業側はこれを基準に従業員を適切に配置し、業務を的確に遂行したかどうか、目標を達成したかどうかをチェックし人事評価にも用います。

基本的に、職務定義書は従業員一人ひとりについて作成されます。職務定義書はジョブ型雇用の導入に欠かせません。

職務定義書の書式は特に決まっていないため、企業ごとに書式を決めて作成します。どんな項目を立てるかも任意ですが、A４用紙１枚に収まる形で２つの図のような項目について記述していきます。

職務定義書（サンプル）

項目	内容
会社概要	文房具と事務用品の開発・製造・販売
職種／所属／職務階級／職務経験／雇用形態／勤務場所／勤務時間／休日	営業職／東京営業部 営業１課／係長営業経験３年以上（商材不問）／正社員／東京都／フレックスタイム制（コアタイム11:00～13:00）標準１日８時間／完全土日休み
上司／部下（人数）	東京営業部 営業１課 課長／５人
職務内容	①商材理解　商品の機能性・利便性・商品価値を理解し、それを消費者により分かりやすく伝える ②市場調査　自社商品と協業商品の販売数の推移を調べ、今後の営業計画に活かす ③営業企画　市場調査をベースにキャンペーンや店頭ポップの内容を企画する ④営業活動　メール・電話・訪問による顧客への営業活動、見積書作成、発注業務、アフターフォロー　その他、営業活動に必要と思われる適切なコミュニケーションを社内外、顧客と行う
職務目的	中長期営業戦略に基づき、目標達成のために営業実績を上げること
職務責任	営業活動における職務内容の遂行、製造部門など他部署との連携、部下の育成
職務範囲	営業活動に必要な諸業務、社内他部署との連携、顧客とのコミュニケーション、部下のフォローアップ、会議・研修への出席、清掃活動
スキル	ヒアリング、タイムマネジメント、クロージング、資料分析、コミュニケーションほか 営業活動に必要なスキル
知識	商材、商材市場、営業活動に関する知識
必須資格	特になし
優遇資格	営業士、MOS（マイクロソフト・オフィス・スペシャリスト）、Web アナリスト、Web 解析士
人物特性	組織・集団に貢献する人物、競争より協調を重視する人物、常に創意工夫する人物
待遇・福利厚生	雇用保険、労災保険、健康保険、厚生年金、交通費支給、住宅手当、家族手当、社内研修制度あり

著者作成

職務定義書を作成するのは主に人事部、総務部、人材開発室の仕事ですが、企業規模の大きな会社は専門のプロジェクトチームが作成することもあります。

私が考案した「中小企業版ジョブ型雇用」では、会社側でフォーマット化した職務定義書を用意し、先の聞き取り調査と同様、やはり経営者または役員と従業員の1対1の面談でお互いに意見を交換しながら空欄を埋めていく作業になります。

ただし、高度安定人財と安定人財の従業員には、負担の掛からない職務定義書になります。なぜなら、これらの人々にもジョブ型雇用を適用する形になっていますが、実質的には従来のメンバーシップ型雇用と変わらない範囲で行うからです。現状のままがいいという人には、あえて働き方の変更を求めません。これが中小企業版ジョブ型雇用ならではの、従業員に優しい独自ルールでもあります。

職務定義書を作成する場合は、ここでもやはり、反対勢力に回りそうな現状維持派の従業員から作業をスタートさせるのがいいと思います。ジョブ型雇用導入を成功させるためには、誰からも不平不満の出ない形で慎重に進める必要があるからです。

現状維持派の従業員は基本的に安定人材ですから、職務定義書も名ばかりのものになり

職務定義書（サンプル）

ポジション	法人営業・マネージャー
業務・職務内容	新規取引先の開拓、既存取引先との関係強化に取り組む。課の予算や売上目標の策定、目標達成のための戦略を立案し、チーム××人をマネジメントする。
具体的な職務内容	・法人営業活動、受注拡大、アフターフォロー ・課全体の予算、売上目標、戦術の策定 ・売上予算の達成 ・部下の育成、評価 ・経営陣へのレポート作成
応募条件、必要とされる資格・経験	・４年制大学卒業以上 ・普通自動車免許 ・営業経験５年以上、マネージャー経験２年以上 ・日常会話レベルの英会話（TOEIC ×××点以上）
歓迎される資格・経験	・法人営業の経験 ・企画・戦略部門での職務経験 ・ビジネスレベルの英会話（TOEIC ×××点以上）
給与・待遇	・年俸××××万円、年俸の1/12を毎月支給 ・ストックオプションあり
評価方法	MBO 評価、360度評価
勤務地	東京本社、転勤なし

著者作成

ます。たとえ名ばかりでも、反対勢力になりそうな人から始めるのが肝要です。

職務定義書を曼荼羅図式にする

企業によっては、慣れない職務定義書を作成するよりも見るだけですぐに分かるような方法はないかと尋ねられることがあります。

その場合、野球の大谷翔平選手も高校時代に使用した曼荼羅図を参考にするととても分かりやすいと思います。大谷選手の曼荼羅図は、たびたびスポーツ新聞やテレビなどでも紹介されていますが、高校一年生の冬に作成した目標達成シートのことです。

まず、中心となる目標を明確にし、それを達成するために必要な項目を具体的に可視化します。大谷選手を例にしますと、「ドラ1 8球団」という強い目標（夢）を中心におき、それに必要な8つの要素、①体づくり ②人間性 ③メンタル ④コントロール ⑤キレ ⑥スピード160キロ ⑦変化球 ⑧運 を書き出し、さらにそれぞれの項目に必要な8つの要素を考えていきます。それを周囲9×9の合計81マスに細分化したフレームワークをつくり上げます。

図のように目標を達成するにあたり、必要な項目が可視化できることで、その目標への具体的な道のりが見えてくるのです。

そのため、目標と目的の違いを把握し、その目標の意味を考え理解することが重要となります。

つまり、目的というゴールに向かうために必要な過程が目標であり、その設定した目標が具体的になればなるほど、最終的に達成したい目的まで達成せずに終わる可能性は低くなります。

実際に総合建設業の土木部で職務定義書を曼荼羅図式で行いました。その企業で働く30代後半の従業員は、面接時に次のステップへチャレンジしたいとの申し出があり、企業との話し合いの結果、人材マネジメントをプラスできる職位とジョブ型雇用を選択し、スタートすることになりました。

コンピテンシーを使った曼荼羅図を作成した一部は図のとおりです。コンピテンシーとは優れた成果を創出する個人の能力・行動特性を意味します。

技術向上を中心に時間を使ってきたそれまでの毎日は、どちらかというと、「自分のため」が中心でしたが、人材マネジメントを選択するということは、自分のためでもあり、みん

大谷翔平選手が高校1年の冬に作成した目標達成用の曼荼羅図

体のケア	サプリメントを飲む	FSQ 90kg	インステップ改善	体幹強化	軸をぶらさない	角度をつける	上からボールをたたく	リストの強化
柔軟性	**体づくり**	RSQ 130kg	リリースポイントの安定	**コントロール**	不安をなくす	力まない	**キレ**	下半身主導
スタミナ	可動域	食事 夜7杯 朝3杯	下肢の強化	体を開かない	メンタルコントロールをする	ボールを前でリリース	回転数をアップ	可動域
はっきりとした目標、目的をもつ	一喜一憂しない	頭は冷静に心は熱く	**体づくり**	**コントロール**	**キレ**	軸でまわる	下肢の強化	体重増加
ピンチに強い	**メンタル**	雰囲気に流されない	**メンタル**	**ドラ1 8球団**	**スピード 160km/h**	体幹強化	**スピード 160km/h**	肩周りの強化
波をつくらない	勝利への執念	仲間を思いやる心	**人間性**	**運**	**変化球**	可動域	ライナーキャッチボール	ピッチングを増やす
感性	愛される人間	計画性	あいさつ	ゴミ拾い	部屋そうじ	カウントボールを増やす	フォーク完成	スライダーのキレ
思いやり	**人間性**	感謝	道具を大切に使う	**運**	審判さんへの態度	遅く落差のあるカーブ	**変化球**	左打者への決め球
礼儀	信頼される人間	継続力	プラス思考	応援される人間になる	本を読む	ストレートと同じフォームで投げる	ストライクからボールに投げるコントロール	奥行きをイメージ

スポーツニッポン「花巻東時代に大谷が立てた目標シート」より著者作成

（注）FSQとRSQは筋トレのフロントスクワットとリア（バック）スクワットで挙げる重量の目標

実現に必要な8つのコンピテンシー（能力・行動特性）

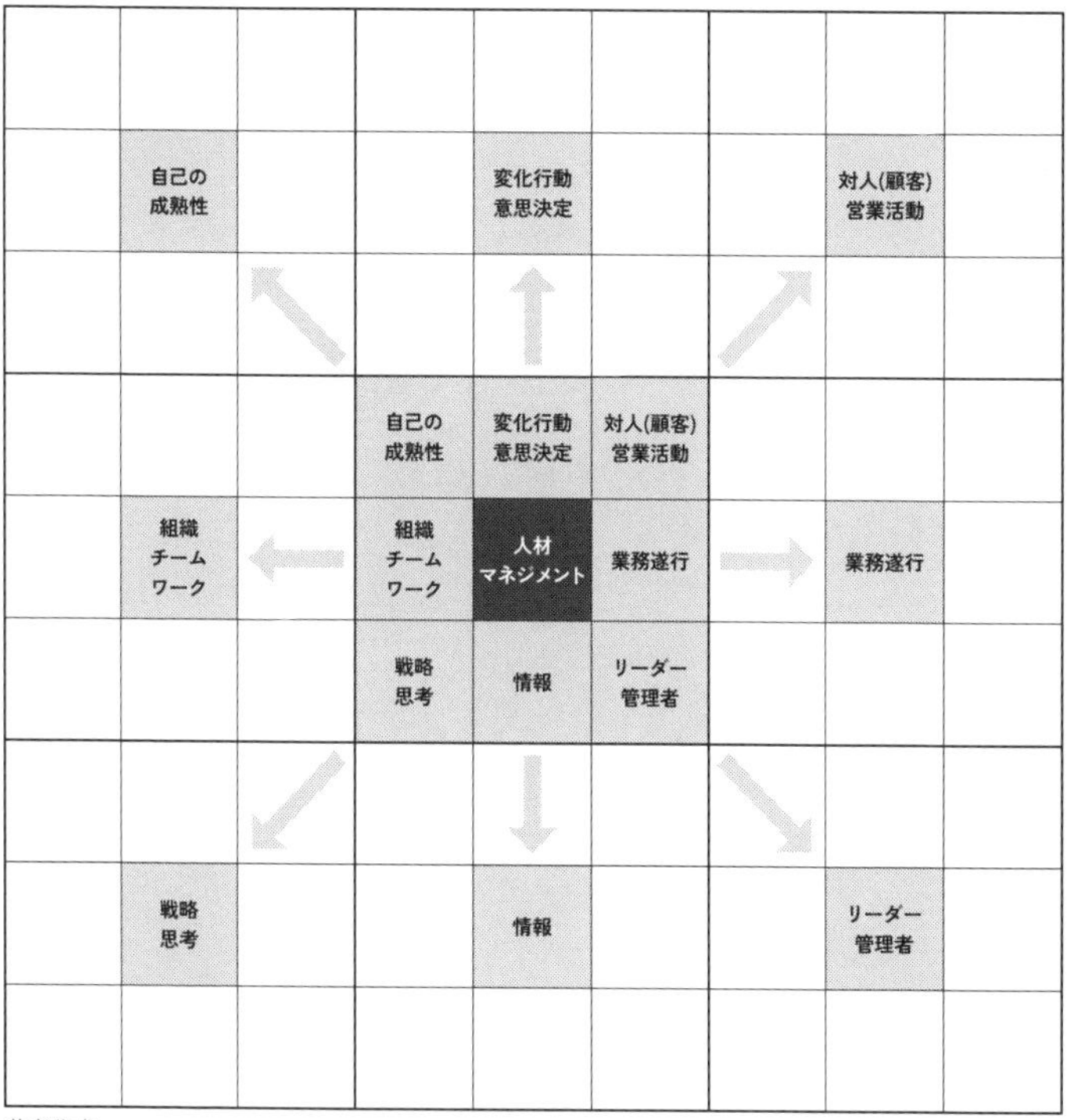

著者作成

なのためになるという考え方・行動が中心になっていきます。

目的を明確にすることで従業員としても日々の努力する方向性が理解でき、また企業側も評価するポイントが可視化できるのです。その従業員は、今では役員会でも話題に上がるほどのホープとして期待されています。

期待人財をつなぎ止めるための職務定義書

私が中小企業版ジョブ型雇用を導入する際によく使用しているのが、図のような書式の職務定義書です。

この職務定義書の特徴は「会社作成用」と「本人用」のペアで1組になっていることです。この書式には、3つの狙いとポイントがあります。

1つめが、会社と従業員との力関係が50：50であると確認することです。

大企業が作成している一般的な職務定義書は、「人物特性／組織・集団に貢献する人物」「優遇資格／IP、SG、APなど情報処理系資格」などの記述からも明らかなとおり、完全に上から目線で書かれています。すなわち、そこに貫かれているのは使用者側・経営

職務定義書（会社用）

氏名/入社日/所属/年齢/雇用形態/役職/性別/職種/面談者

働くうえでの現在の環境と今後の予定など会社に知っておいてほしいこと

会社から本人に期待すること：
業務内容/社内で発揮してほしい価値/そのために必要なスキル・経験
現在　1年後　3年後　5年後　7年後　10年後

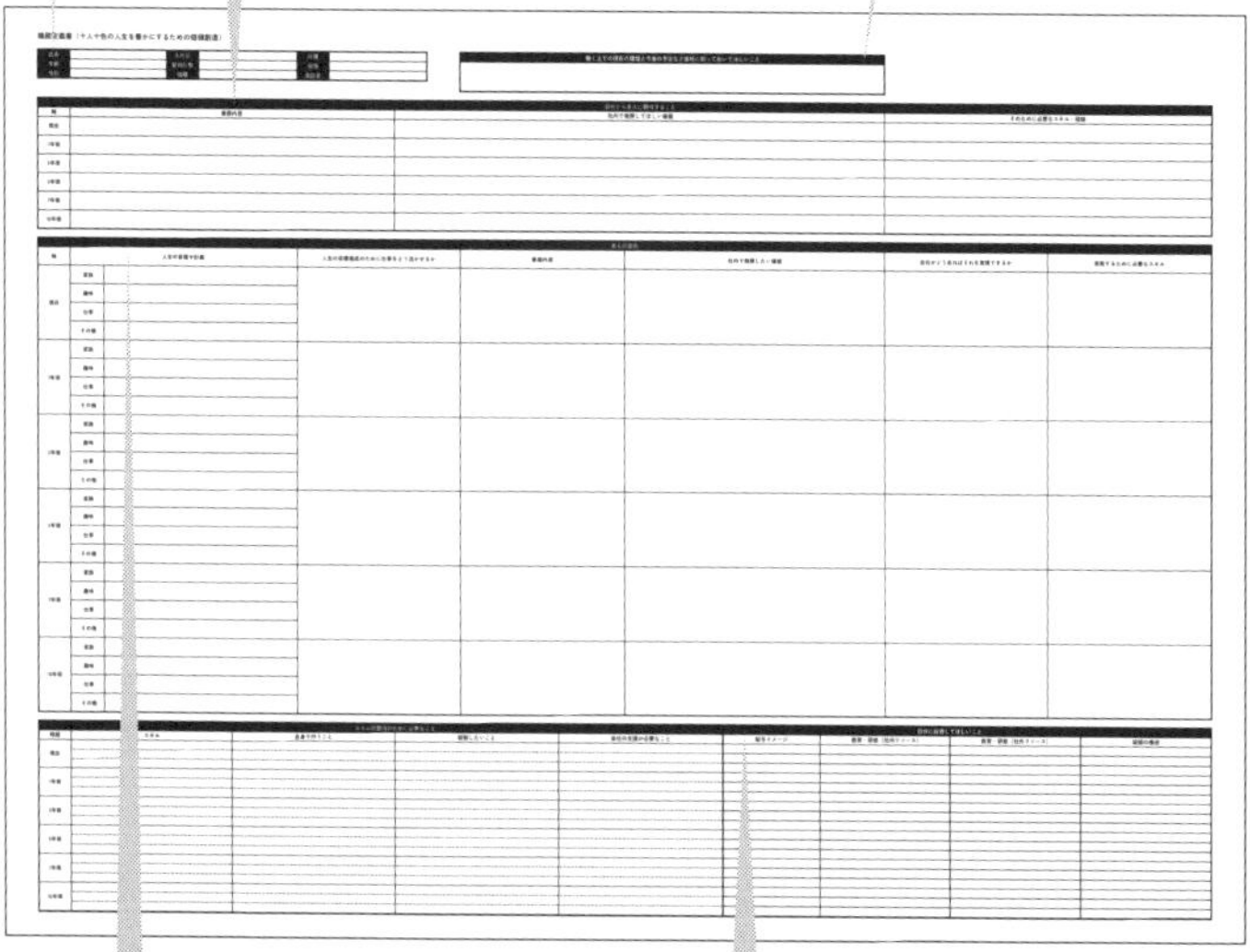

本人の意向：人生の目標や計画（家族/趣味/仕事/その他）/人生の目標達成のために仕事をどう活かせるか/業務内容/社内で発揮したい価値/会社がどうあればそれを実現できるか/実現するために必要なスキル
現在　1年後　3年後　5年後　7年後　10年後

スキルの習得のために必要なこと：
スキル/自身で行うこと/経験したいこと/会社の支援が必要なこと
自分に投資してほしいこと：給料イメージ/教育・研修（社内外）/経験の機会

著者作成

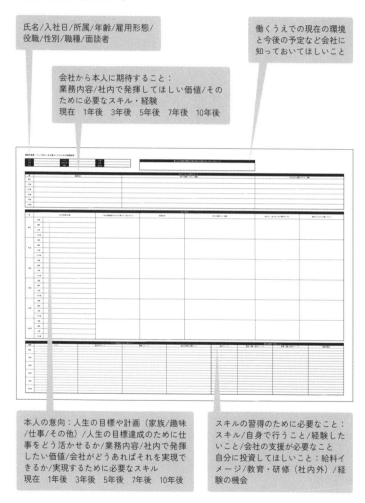

職務定義書（本人用）

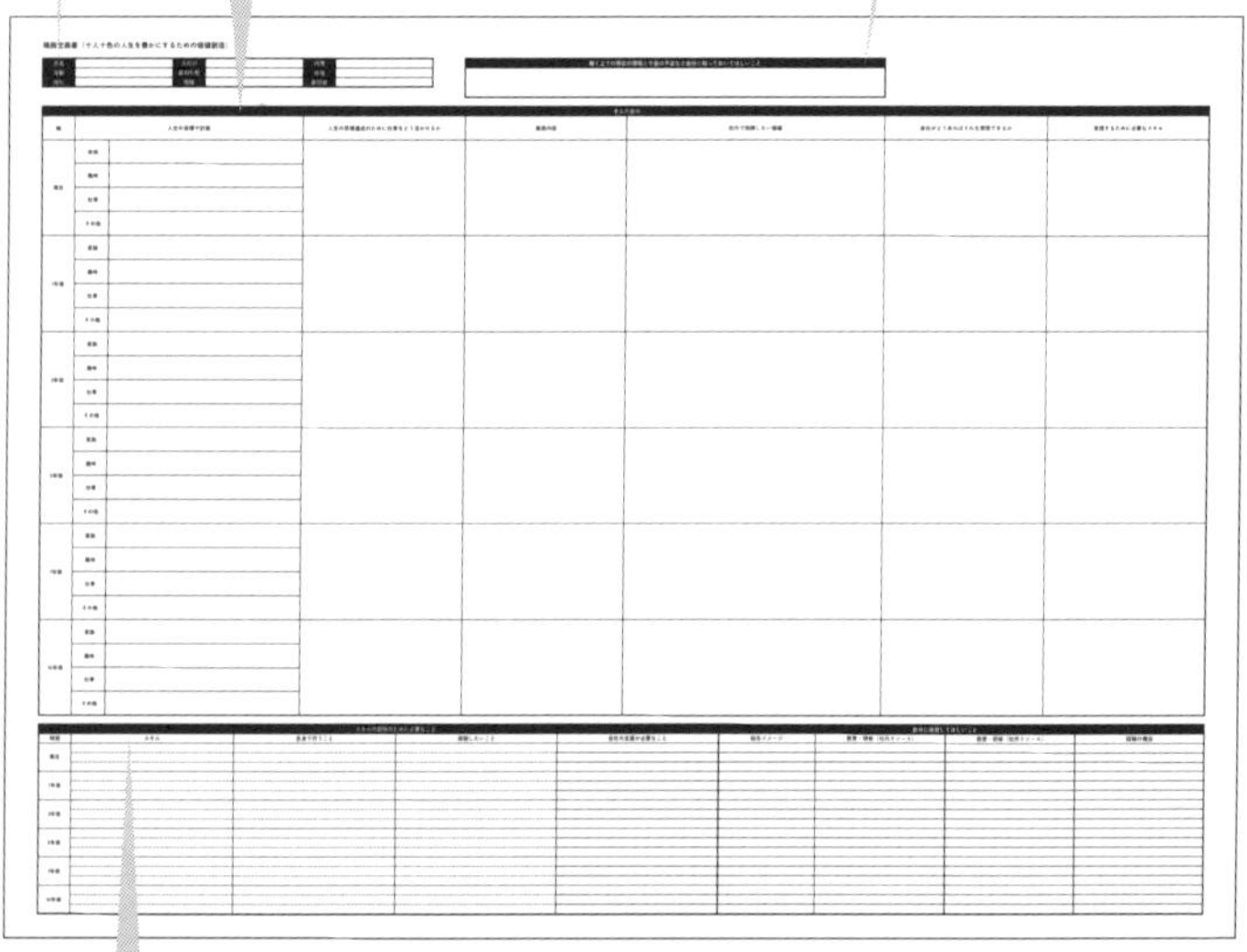

氏名/入社日/所属/年齢/雇用形態/役職/性別/職種/面談者
働くうえでの現在の環境と今後の予定など会社に知っておいてほしいこと
本人の意向：人生の目標や計画（家族/趣味/仕事/その他）/人生の目標達成のために仕事をどう活かせるか/業務内容/社内で発揮したい価値/会社がどうあればそれを実現できるか/実現するために必要なスキル
現在　1年後　3年後　5年後　7年後　10年後
スキルの習得のために必要なこと：スキル/自身で行うこと/経験したいこと/会社の支援が必要なこと
自分に投資してほしいこと：給料イメージ/教育・研修（社内外）/経験の機会
現在　1年後　3年後　5年後　7年後　10年後

著者作成

者側の論理です。

株主、投資家、債権者など多くのステークホルダーが関係している大企業なら、そういったドライな書き方でもいいと思われます。

しかし私は常々、中小企業で大切なのは、使用者と労働者が対等の関係でコミュニケーションできることだと感じています。

普段の働き方や待遇面について、それぞれ言いたいことはいろいろあっても主張すべきことは主張し、引くべきところは引き、人間らしい血の通った関係を築いていこうという、お互い様の関係が中小企業の良さだと考えているからです。

そんなお互い様の理論が、この職務定義書にも反映されています。会社と本人が1通ずつ作成し、面談でお互いの意見や考え方をすり合わせながら、最終的に1通の職務定義書に仕上げていきます。

この書式にした2つめのポイントは、フリースペースを数多く設けて、仕事に直接関係ないことでも自由に書き込めるようにしたことです。

当たり前のことですが、人は仕事だけをして生きているわけではありません。従業員一人ひとりに家族がいて、親族がいて、友人知人がいて、家族と過ごす時間があったり、仲間と趣味に没頭する時間があったり、それぞれの人生を生きています。

そんな従業員一人ひとりの人生にしっかり寄り添えることが、中小企業ならではの良さでもあります。

中小企業版のこの職務定義書には、職務以外の個人的なこと、例えば結婚、出産、子どもの教育、親の介護、趣味、ライフワーク、地域活動などなどについても自由に書いてもらいます。人生の目標や計画というテーマについても、「家族欄・趣味欄・仕事欄・その他欄」の4つの空欄があるのもそのためです。

また、社内で発揮したい価値についても、現在の業務と結びつかない自身のスキルでもOKと、わざわざ断り書きまで付けています。

3つめのポイントは、中長期的な視点に立って書けるようにしたことです。ほぼすべての項目に、「現在」「1年後」「3年後」「5年後」「7年後」「10年後」について書く欄があるので、多少無理矢理にではありますが、従業員は自分と会社の未来に関して、イヤでもあれこれ思いを巡らせることになります。

こうした作業を通して、従業員は現在の会社に勤めながらの将来の自分をよりリアルに想像できるようになり、自分の未来を現在の会社と共有する具体的なイメージを抱くこともできます。

また、多くの人は将来的に何らかの夢を抱いていると思いますが、その夢の実現に向けての歩みと、会社員としての自分の成長をリンクして考えることができれば、今の会社で仕事を継続的に頑張ろうと前向きな気持ちにもなるはずです。

私が知っている具体的な例でいえば、金融機関などのオンラインシステムを手掛けるＩＴ企業に、ｅスポーツの世界で活躍している男性従業員がいました。その事実は社内でまったく知られていなかったのですが、職務定義書を作成する過程で明らかになり、全社的に大きな話題になりました。本人は、これからも趣味のｅスポーツを究めていきたいと話していて、その企業の社長も社を挙げて彼を応援しようということになりました。

その後、社内のクラブ活動としてｅスポーツクラブを結成するなど盛り上がっているそうです。もしかすると、将来的に、ゲーム関連のシステム開発を新たな事業として立ち上げる可能性だってあるのです。

「人財」の流出を防ぐ職務定義書のすり合わせ

職務定義書の、会社作成用と本人用のすり合わせは、個人面談で話し合いながら、最終的に、現在とこれからの仕事内容の確認、仕事上やプライベートでの今後の目標、現在から将来に向けて本人にはどのようなスキルや経験が必要で、それらをどう獲得していくかの方向性が決まっていきます。

その段階で、会社側からキャリアパスを提示するのもいいと思います。例えば5年後くらいにはエリアマネージャーになって、この地域全体の新たな店舗展開を考えてみたいと本人が考えている場合、その前段として3年後くらいまでにマネージャーを、2年後までにアシスタントマネージャーを目指そうとアドバイスすることもできます。

その道のりを従業員側から見れば、自分の進むべき道筋＝キャリアパスと、それぞれの時点で必要になる知識やスキルが明確になります。

中小企業がジョブ型雇用を導入する最大の目的は、若手の優秀な人材を大企業に引き抜かれないようにすることです。私流のカテゴライズでいえば、期待人財と高度安定人財の流出をいかに防ぐか、がテーマになります。

その意味で、会社と個人が趣味や将来の夢を語り合いながら作成する職務定義書は、その目的を実現する一助になっています。

第4章

賃金制度に合わせたキャリアパスの提示と中小企業のためのリスキリング

従業員のペースに合わせたリスキリング計画

職務定義書を作成したら、従業員一人ひとりのリスキリング計画の立案が重要となります。この作業も従業員との話し合いで決めていきますが、経営者サイドはその話し合いを始める前に、まず決めておかなければならないことがあります。

それは、それぞれの従業員に対して、教育・研修などに掛けるリスキリング費用をそれぞれどれくらい計上するかということです。

経済産業省の定義によればリスキリングとは、「新しい職業に就くために、あるいは、今の職業で必要とされるスキルの大幅な変化に適応するために、必要なスキルを獲得する／させること」になります。

デジタル・トランスフォーメーション、いわゆるＤＸがらみで語られることが多いリスキリングですが、必ずしもＩＴやデジタル技術関連だけとは限りません。ともあれ、従業員一人ひとりの仕事上の知識やスキルが向上すれば、従業員一人ひとりのパフォーマンスも高まり、従業員を保有する企業の価値も高まるわけです。

職務定義書を作成した時点で、従業員一人ひとりの今後の目標や課題、それらの目標を実現したり課題を解決したりするために本人に必要なスキル、経験が明らかになったはずです。

そこで、次に踏み出すべきステップは、本人に必要だと思われるスキルや経験をどのように身につけてもらうかということです。そのあたりはこれまで、自己啓発という名で本人の裁量に任される部分が大きかったのですが、人的資本経営を進める企業では、従業員のリスキリングに対して積極的に投資しようという気運が高まっています。

そうした場合、企業がまず決定しなければならないのが、従業員のリスキリング（単なる教育・研修を含む）に対して、総額で年間どれだけの予算を計上するかということです。

私がコミットしている企業については、年間のリスキリング予算の相場として、総売上高の1～3％を提案しています。売上高1億円の企業であれば、年間予算は100～300万円、売上高10億円の企業であれば、年間予算は1000～3000万円、これだけの予算を従業員一人ひとりに配分するわけです。

ただし、従業員に均等に配分するわけではありません。限られた予算を有効に活用するためには、基本的に、期待人財には厚めに、安定人財には薄めに手当てすることになります。同じ従業員である以上、安定人財の人に一銭も投資しないというのは、なしです。

各自の上限額を決めてから、リスキリングに向けての面談に移ります。その際、会社側から期待人財に向けての面談では、まず会社としてその人の人生設計や将来の夢にも十分配慮していることを伝えます。

そして3年後、5年後には、その人が興味をもっている分野で、会社を引っ張っていくリーダーに成長してほしいと願っていること、そのために会社が投資し研修や資格を取れるような環境を整えると伝えます。

このほか、従業員が受けてみたい研修や、伸ばしたいスキルも尋ね相手のペースでどんなリスキリングができるのかを一緒に考え、従業員に寄り添う姿勢を見せることが大切です。

こうして従業員本人とリスキリングに関する話し合いを行い、お互いに納得できる結論が出れば、そのあとはセミナー研修を受講したり、オンライン講習を受けたり、あるいは専門学校に短期間通うなどして、必要な資格、スキル、経験を習得してもらいます。

中小企業ならではのリスキリング

ここで私なりに一言付け加えておきたいのは、その研修・教育が必ずしも業務に直結しなくてもいいのではないか、ということです。

中小企業がジョブ型雇用に向けてリスキリングを考える場合は、一般的なリスキリングとしてとらえる範囲をもう少し広げてもいいと思います。人的資本、つまり人が財産ということであれば、従業員本人の内部に眠っている資産も当然、貴重な財産として扱っていいはずです。

これからの時代は、個々人のなかに眠っている、光る何かに注目すれば、そこから新たなビジネスが生まれる可能性が十分あります。

そのため、一見、日常業務と関係のない知識やスキルの習得であっても、会社と本人が何らかの可能性を少しでも見いだせるのであれば、それらの趣味や個人的興味を伸ばすための活動を認めてもいいと思います。

家電メーカーがマスクを製造販売したり、旅行会社が蕎麦店を経営したり、自動車ディーラーがお好み焼き店をチェーン展開したり、製薬会社がカフェを運営したり、アフターコロナの産業界では今、生き残りを賭けた異業種参入があちこちで見られます。

中小企業においても、従業員個人のなかに眠っている資産が一発逆転のゲームチェンジャーになる可能性もあります。リスキリングも、最初から間口を狭めることなく、柔軟に考えていくべきだと私は考えます。

ジョブ型雇用に必要なキャリアパスとリスキリング

従業員にどのようなリスキリングが必要かを考えるとき、まずキャリアパスを想定することも一つのヒントになります。

キャリアパスとは、ある特定の仕事やポジションに到達するために、段階的にどんなスキルや経験が必要になるかを示した道筋のことです。企業側がこのキャリアパスを示すことで、従業員は今後どのようなキャリアを積めばどんな仕事に就けるのかが明確になり、モチベーションアップにつながります。

また、その会社における自分の将来像をイメージしやすくなるため、その従業員の定着率も高まります。

ジョブ型雇用では本来、キャリアパスもリスキリングも不要のはずです。なぜなら、ジョブ型雇用では、その時々に必要な人材を社内外から随時採用し、不要になれば随時解雇するからです。

つまりジョブ型雇用では、従業員の成長を待つ必要もなければ、従業員を社内で育成しようという意思も働きにくいのです。

とはいえ、ジョブ型雇用は日本ではまだまだ一般的とはいえず、人材流動性も欧米ほど高くないため、キャリアパスの有用性は損なわれてはいません。

また、企業がキャリアパスを通してリスキリングに取り組むことで従業員はスキルが向上し、仕事の幅が広がります。それにより、従業員一人ひとりに適した仕事を与えることができ、スキルに合った部署の配属が可能となります。従業員が適材適所で働くことで、作業の効率化を図ることができるのです。そして、リスキリングに取り組むことが社内に浸透していけば、新しいスキルを獲得したいという従業員の自発性を促すことができ、そのような人材が増えることで、組織が変わるきっかけにもなるはずです。

特に中小企業の場合、必要な人材を外部から随時獲得できる見込みは高くありませんから、限られた人材を最大限に活かすためにもキャリアパスはやはり重要であり、リスキリングの必要性も大きいといえます。

海外留学のリスキリングで人材採用に成功した美容室チェーン

関東を中心に約30店舗を展開する美容室チェーンは、今風にいうところのキャリアパスとリスキリングを一体化させたような従業員キャリアアップ・プログラムを20年以上前から実践しています。

社内の人材開発に対する経営者の意識が昔から高く、年間売上高の3％を社員研修&人材開発費に計上してきました。企業の人材開発費は売上高の1％前後が一般的なのですが、原材料費のほとんど掛からない美容室だからこそ、これだけの予算を充てることができるのです。

美容室チェーンが社員であるスタイリストへのインセンティブ&リスキリングとして掲げているのがパリ、またはニューヨークでの2年間のスタイリスト留学です。パリとニューヨークにそれぞれ業務提携している一流サロンがあり、その店舗で2年間実際にスタッフとして働くことで、流行の最先端をいくパリ、もしくはニューヨークのトレンドを直接体験できるという、スタイリストにとっては夢のような企画です。現地で支給される賃金は国内とほぼ同額で、旅費や2年間の住居費はすべて会社負担です。

しかも、2年間の留学を終えて帰国すると、都内にオープンする新店舗の店長として迎えられ、報酬も2倍近くにアップします。

もちろん、社内のスタイリストなら誰にでもできる経験ではありません。2年間、パリかニューヨークに留学する特典が得られるのは、スタイリストとして6年以上の経験や、毎月の売上達成額、ほかスタッフから尊敬されているか、後輩の育成に力を入れているか、美意識を向上させるための努力をしているかなどの条件をクリアした人のみです。

美容室業界では美容専門学校を卒業後にアシスタントとして店舗に入り、1～3年の見習い期間を経てスタイリストに昇格します。そこから6年以上の経験が必要になるので、留学にチャレンジできるようになるのは、30歳前後になってからです。

定められた条件をクリアしたスタイリストが本部の実施する面接に臨み、留学候補者に選ばれてからは、さらに英語またはフランス語で美容室の業務が行えるように学ぶこと、着物の着付けや茶道、華道などの日本文化を体験し、外国人に紹介できるようになることが課せられます。

学ぶべき外国語は、留学先をパリとニューヨークのどちらにするかで異なります。語学学習の受講料は会社負担です。茶道・華道などの日本文化は、必ずしも習熟している必要はなく、体験教室で何度か体験して、外国人に説明できるようになっていれば大丈夫です。

なぜこの準備が必要かというと、海外で日本文化を紹介すると現地の人にとても喜ばれ、一気に親近感が増して仲良くなれるからで、これまでの先輩たちの体験から生まれました。なお、着物の着付けは、成人式や卒業式への対応など、国内の業務にも必要になるため、しっかり覚えなければなりません。

これまで、この美容室チェーンはこの独自の教育プログラムを実施し、パリ、ニューヨークへ留学したスタイリストたちは独創的かつ高度なテクニックを磨いて帰国しており、スタイリストとしてだけでなく、人間的にも大きく成長しているようです。

なかには、現地で多くの顧客を獲得したため、日本に帰らないでほしいと要望された人もいます。

また、留学経験者は業界内で有名人になり、この美容室チェーンの知名度と業績アップに継続的に貢献し、彼ら、彼女らに憧れてこの美容室チェーンへの入社を希望する新人も多く、採用面でも大きなプラスになっています。

いずれにしても、海外留学は極めて狭き門ですが、流行やファッションに大いなる夢を抱いて入社してきた社員ばかりですから、パリ、ニューヨークは多くの従業員の憧れであり、この高みを目指して日々精進を続けることで、彼ら、彼女らのモチベーションも高いレベルのまま維持されているようです。

企業として業績を順調に伸ばしているのも、この教育プログラムがうまく機能している賜物だと考えられます。

ただし社員のなかには、結婚や子育てなどで海外留学できない人もいれば、スタイリストとして技術を高めるよりも会社の経営に関わりたい人、故郷に帰って独立したい人もいます。

そこでこの企業では、従業員の多様な人生に寄り添うために、海外留学以外のいろいろなキャリアパスを用意しています。本部に移ってグループ全体のマネジメントに携わる人、メイクの技術を習得してヘアメイクとしてマスメディアなどで活躍する人、グループ会社が運営するブライダル事業で活躍する人、アシスタントや新人スタイリストの教育とコーチングを担当する人、独立して自分の店をもつ人などさまざまです。いずれも、スタイリストとしてのキャリアが6年をクリアした時点で、会社側と面接して進むべき道を探っていきます。

また、この美容室チェーンでは、マインドセットやマネジメント、自己成長などビジネスパーソン向けセミナーをスタイリストに適宜受講させています。それにより、男性やビジネス感度の高いキャリアウーマンとの、ビジネスや政治経済の話にも対応できるようになり、固定客が増加したスタイリストも多いようです。

一般的な企業イメージからはほど遠い美容室であっても、キャリアパスとリスキリングを巧みに組み合わせれば、経営環境と業績を大きく改善することは可能なのです。

独立支援プログラムを農業に取り入れ、若手農業経営者の育成を行う「儲かる農業」

農業経営者が行っている、ある取り組みには、中小企業が模範とすべきキャリアパス＆リスキリングがあります。

その経営者は、農業活動を通じて自身とすべての人を幸せにするという理念をもとに「儲かる農業」をスローガンとしています。創業者は脱サラした、製菓メーカーの元営業マンですが、一般企業と同じことをやれば農業は儲かるはずだと考え、独自のビジネスモデルをつくり上げました。

卸売市場はあえて取引先から外し、外食産業などの一般事業者と直接契約を結び、事前に納入量と価格を取り決めることで、相場に左右されない安定収入を実現します。また、徹底的なコスト削減に取り組み、農地は基本的に借地で、農業機械もビニールハウスもすべて中古で調達しています。さらに、営業には生産の2倍の力を注ぎ、販路を急速に拡大していきました。

「儲かる農業」を追求したのは、最終的には次代を担う若手農業経営者を育成するためです。超高齢化が進む日本の農業を立て直すには若い力が必要で、若い力をより多く集めるには、農業で儲かることが大前提になります。つまり、農業の持続可能性を確保するためでした。

入社希望者は、主に20代で独立志向の強い若者たちです。会社としては終身雇用などは基本的に考えておらず、農作物の生産技術と農業経営のノウハウを身につけてもらい、それぞれが自分の好きな土地で独立することを支援しています。

これまでに卒業していった若き農業経営者は50人以上にのぼります。それだけの実績を残せているのは、独自の独立支援プログラムが確立されているからです。

また、独立希望者には「農地・販売先・作物」の3点セットを支援し、経営が安定するまで協力農家として経済的な支援も行うという、至れり尽くせりのアフターフォローをしています。

この独立支援プログラムこそ、まさに中小企業が手本とすべき、キャリアパス&リスキリングといえます。

独立支援プログラムで確立されているキャリアパスは、1年目に農作業の基本と作業効率化や仲間との付き合い方や地域住民との関わり方を実地で学び、土づくり、育苗・定植、病害への対処などの基礎知識を技術顧問から教わります。

2〜3年目では、機械操作、肥料配合、畑づくりなどの技術を現場で習得し、新人やアルバイトへの基礎知識を教えることで、より農業に関する理解を深めていきます、1年目とは異なり農場のマネジメントを知ることができます。

4〜6年目では、就農計画づくり、融資計画の策定、農地・機会・販路の確保など独立への準備を進めていきます。また、農作物の出荷計画の立案、年間作業計画、部下・パートタイマー・アルバイトの労務管理と採用面接対応、損益計算書（ＰＬ）の作成と管理、栽培品種・肥料・農薬の選定、新農地取得の際の役場・地主など関係者との折衝など農場経営全般に関する必要な知識とスキルを実践から身につけます。

もちろん、卒業が最終目標ではなく独立して「儲かる農業」を実践することが目的です。このとおり、社員として給与・賞与を完全支給されながら農作業に従事しながら、年ごとに明確なキャリアパスを提示し、個人のスキル向上のためのリスキリングを行うことで、社員もモチベーションを高く維持しながら仕事に取り組めるのです。

経営者自らリスキリングし資格取得で、ＡＩ・ＩＣＴ分野に進出

会社側が積極的にリスキリングを取り入れることで企業風土が変わることがあります。

愛知県名古屋市の明治時代に創業した歴史ある中堅印刷会社は、電話帳印刷など紙媒体の印刷事業で堅調に業績を伸ばしてきました。

ところが、1990年代後半に潮目が変わります。携帯電話とインターネットが急速に普及した影響で、固定電話の契約数が減少し、それまで売上の多くを占めていた電話帳印刷の受注が激減し、業績が悪化したのです。

危機感を抱いた当時の常務取締役（現・社長）は、企業を存続させるために印刷事業に固執せずデジタル分野に転換するしかないと考えます。

しかし、それを実現するためには、ほぼすべての従業員に、今までとはまったく異なる新しい知識とスキルを身につけてもらわなければなりません。難しい課題ですが、自分がまず先頭に立って、ITのことをゼロから勉強し、全社的に、誰もがデジタルやITについて当たり前に勉強できるような企業風土を醸成していこうと常務取締役は決意します。

少しずつ準備を進め、ついに新たな「教育プロジェクト」を社内に立ち上げます。まず、すべての従業員が学ぶべき基礎的なスキルとしてITリテラシーを設定しています。このスキルを学ぶためのIT関連書籍の購入やIT関連資格の受験費は、全額会社負担としました。

また、会社側でITスキル学習に最適な書籍を選定し、全社員に課題図書として配付もしました。常務取締役が先頭に立ってITスキル学習に取り組んだおかげで、会社は日々新しいことを学び続ける集団へと、徐々に企業体質を変えていきます。

こうした地道な努力を4年ほど継続したあと満を持してＩＴ関連の新規事業立ち上げを宣言し、社内でＩＴ専門人材の育成を本格化させます。会社が学費を全額負担して5人の従業員をＣＧ専門学校に3カ月間通わせて、ＣＧの専門講師を月に2～3回会社に招き、スキルの習得と定着を図り、３ＤＣＧ制作を事業化しました。

さらに急速に進歩しつつあるＡＩに着目し、ＡＩを活用した新規事業を今後の経営の柱に据えると公表しました。全社員にはＡＩに関する学習を奨励し、常務取締役は自ら率先して、日本ディープラーニング協会が実施しているＡＩ関連の「Ｇ検定（ジェネラリスト検定）」の資格を取得し、スキルを習得する重要性と、学習すれば専門的な資格が取得できることを身をもって証明します。

そして3ＤＣＧ、ＡＩなど対象となる部署に勤務する従業員は、業務時間の20％を自主学習に充ててよいという、独自の社内ルールを制度化したのです。これにより、デジタル関連分野に関する従業員の学習意欲はより高まりました。

この企業は、リスキリングという言葉が一般化するより前から、従業員一丸となってＩＴとＡＩに関する知識とスキルの習得に取り組み、時代の要請に沿った形で新しいことを学び続けるという企業風土をつくり上げました。

このように社長が先頭に立つことで、社員一人ひとりの意識も変わり、組織としての会社が変化していくのです。会社が積極的に期待人財に投資することで、会社は活性化していくので、リスキリングはとても重要であることが理解できます。

失敗するジョブ型雇用

中小企業版ジョブ型雇用はいいことばかりではなく、失敗する可能性もあるのではないかという懸念を抱く人もいると思います。ジョブ型雇用は必ずしも成功するとは限らず、失敗する可能性はあります。

というのも、特に中小企業においてはまだ導入が始まったばかりの制度であり、5年後、10年後にどうなっているのか、誰にも分からないからです。ただし、こういう導入の仕方は失敗する、という失敗例はいくつか報告されています。

●高齢の社長一人で導入を進めようとして失敗

Y社は主に海産物の食品加工を営む会社で、現社長は70代と、高齢です。息子は常務取締役で40代前半ですが、普段からあまり交流はなさそうで、私たち社労士と話すときも社長しか出てきませんでした。

私たちにとっては古くからの顧客のため、比較的早い段階でジョブ型雇用を導入してはどうかと話をもっていきました。ジョブ型雇用はいまどきの話なので、できれば常務取締役と話したかったのですが、ミーティングには常に社長しか出てきません。

すると、ジョブ型、キャリアパス、リスキリングなどの語句が何度聞いても頭に入っていかないようで、毎回会うたびに同じような説明を繰り返し、案件はまったく前に進みませんでした。

これはジョブ型雇用導入以前のケースとなります。

●社長が他人任せで失敗

社員50名ほどの、ある地方の建設会社の事例です。経営者は一代で会社を興して急成長させた、まるで絵に描いたようなワンマン社長です。親分肌で人情に厚く、本人はとてもいい人なのですが、面倒臭いことが嫌いで、ジョブ型雇用についても後ろ向きでした。

ただ、私のアドバイスはよく聞いてくれるので、事務方トップの総務部長Iさんを総責任者に据え、コロナ禍の2021年からジョブ型雇用導入の準備を始めました。

私たちの助言どおり、Iさんは従業員一人ひとりと面談を重ね、細かい字で自分なりの資料をつくっていました。私の聞いた話では、従業員のなかの数人はジョブ型雇用に前向きで、向学心、向上心にも燃えていたようです。Iさんのなかでは、期待人財候補を7～8人に絞り、どんな資格を目指してどんな勉強をさせようかと、あれこれ思案していました。

Aくんは2級土木施工管理技士、Bくんは2級建築施工管理技士などと目指す資格も徐々に決まっていき、さて勉強を始めようかと期待人財たちが意気込んでいたそのタイミングで、ちょっとした事件が起きました。

今度資格試験を受けるので、頑張って勉強中だと、期待人財の従業員の一人が嬉しそうに社長に報告したところ、時間の無駄ではないのかと社長の興ざめするような言葉を言われてしまったのです。社長本人は、ジョブ型雇用導入に向けて社内でリスキリング計画が進んでいるのをすっかり忘れていたのです。

そこから、新しい制度の導入について社長は何も知らないし、興味もないらしいという話が広まり、せっかく資格の勉強をしても、何も変わらないんじゃないかと言い出す人もいて、従業員のやる気は再び燃え上がらず、結局ジョブ型雇用の導入はうやむやになってしまいました。

中小企業、特に50人前後の社員数の少ない会社の場合、社長の影響力は極めて大きいと考えるべきです。その社長がやる気を見せなければ、新制度の導入は成功することはありません。

社長が真っ先にやる気を見せ、自ら新制度導入に取り組まない会社は、ジョブ型雇用導入に失敗します。

経営者がリスキリングに取り組む重要性

全社的なリスキリングに成功するうえで重要となるのは、経営者が自ら先頭に立ってリスキリングを実行することだと思います。

2022年11~12月、帝国データバンクが中小企業1万5000社を対象に行った「中小企業の成長に向けたマネジメントと企業行動に関する調査」によれば、経営者が自らリスキリングに「取り組んでいる」と答えた企業は全体の44・6%にのぼりました。「取り組んでいないが、数年のうちに取り組みたい」と答えた企業は39・3%、「取り組んでおらず、今後も取り組む意向はない」と答えた企業はわずか16・1%でした。

この変化の激しい時代、中小企業経営者の多くもそれを自覚していて、全体の約84%の経営者がリスキリングに取り組んでいるか、近い将来取り組む意向を示しています。

そうした経営者のリスキリングに対する意識や姿勢は、従業員のリスキリングにも確実に反映されます。同じく帝国データバンクによる調査で、「経営者のリスキリングの取り組み状況別に見た、役員・社員に対するリスキリングの機会の提供状況」を見ると、経営

経営者のリスキリングの取り組み状況

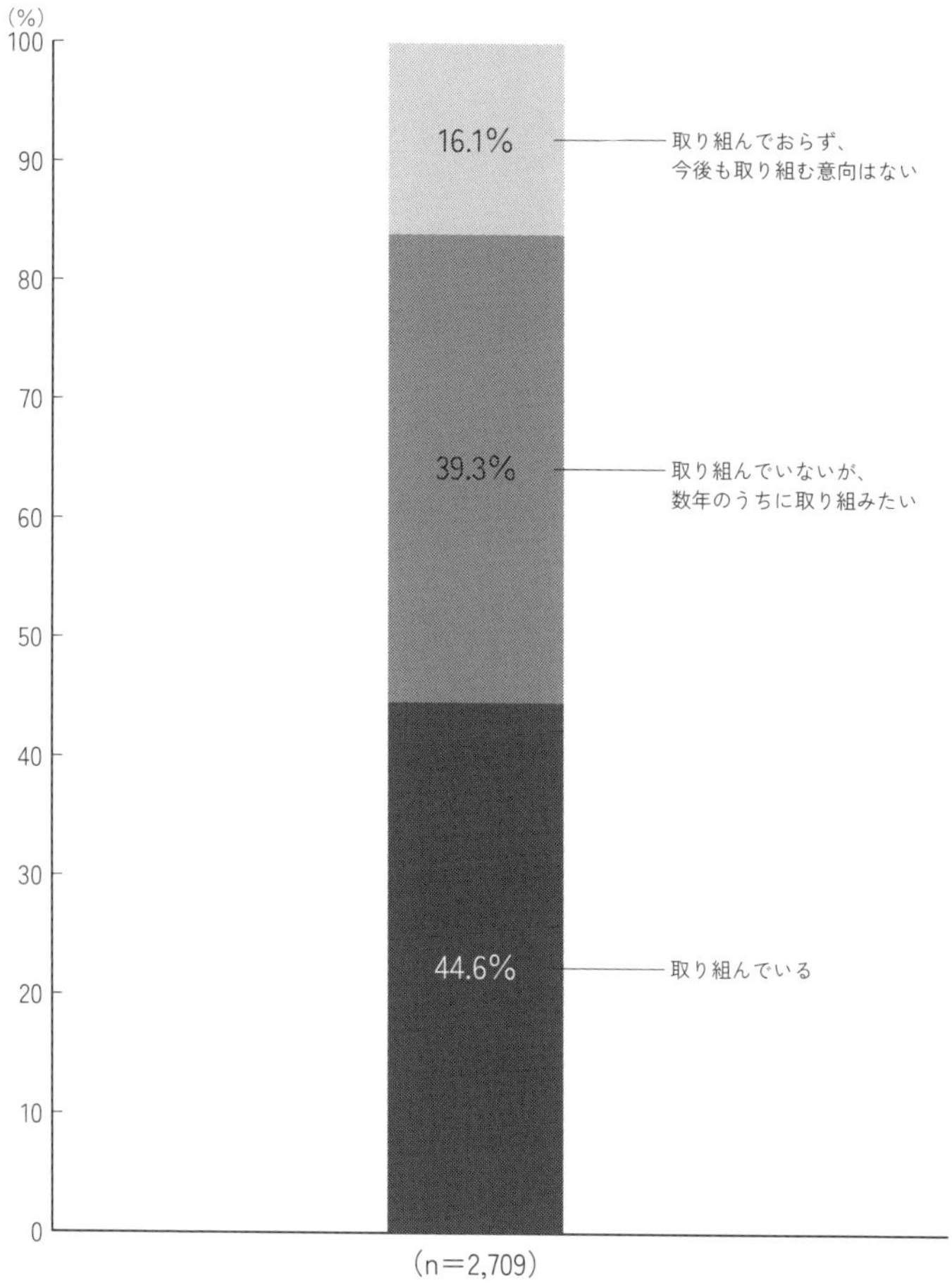

資料：（株）帝国データバンク「中小企業の成長に向けたマネジメントと企業行動に関する調査」
（注）ここでいうリスキリングとは、今の職場で必要とされるスキルの大幅な変化に適応するために、必要とされるスキルを獲得することを指す。

出典：2023中小企業白書

者がリスキリングに取り組んでいる企業の実に73・4％が、従業員にリスキリングの機会を「提供している」ことが分かります。

逆に、現在リスキリングに取り組んでいない経営者の企業は、59・6％がリスキリングを「今後も提供する意向はない」と回答しました。

すなわち、経営者が率先してリスキリングに取り組むような企業でなければ、従業員のリスキリングもなかなか進まないということです。

経営者自身がリスキリングに取り組めば、従業員に対するリスキリングの機会提供も大幅に増えます。つまり、社長が動けば、組織は動くのです。

現在、中小企業の人材難は待ったなしの状態であり、今後新しい人は採用できず、優秀な人ほど流出していきます。流れ出る社員は、会社の血の一滴です。この状態を何とか止血するには、人的資本経営とジョブ型雇用を導入するしかありません。

経営者は今こそ、決断のとき、経営者自ら動くときです。

個別の賃金規定を策定する

従業員個々人のリスキリング計画を決定したら、次は賃金規定の策定です。ここが、ジョブ型雇用のとりあえずのゴールとなります。この段階まで来てようやく、ジョブ型雇用導入の1つのサイクルが完結します。

賃金制度とは、従業員に対する賃金支払いの根拠となるルールのことです。従業員に支払われる賃金は、基本給、諸手当、賞与、退職金に分類され、それぞれ支払うときのルールが存在します。そのルールについて、特に賃金の計算方法・支払い方法・締め切り日・支払期日など細かな要件を定めた文書（ルールブック）が賃金規定になります。

とはいえ、賃金支払いのルールには、いくつかの種類があります。例えば、同じ基本給にしても、次のような種類があり、どのルールを採用するかは企業ごとに異なります。

社員に対するリスキリングの機会の提供状況

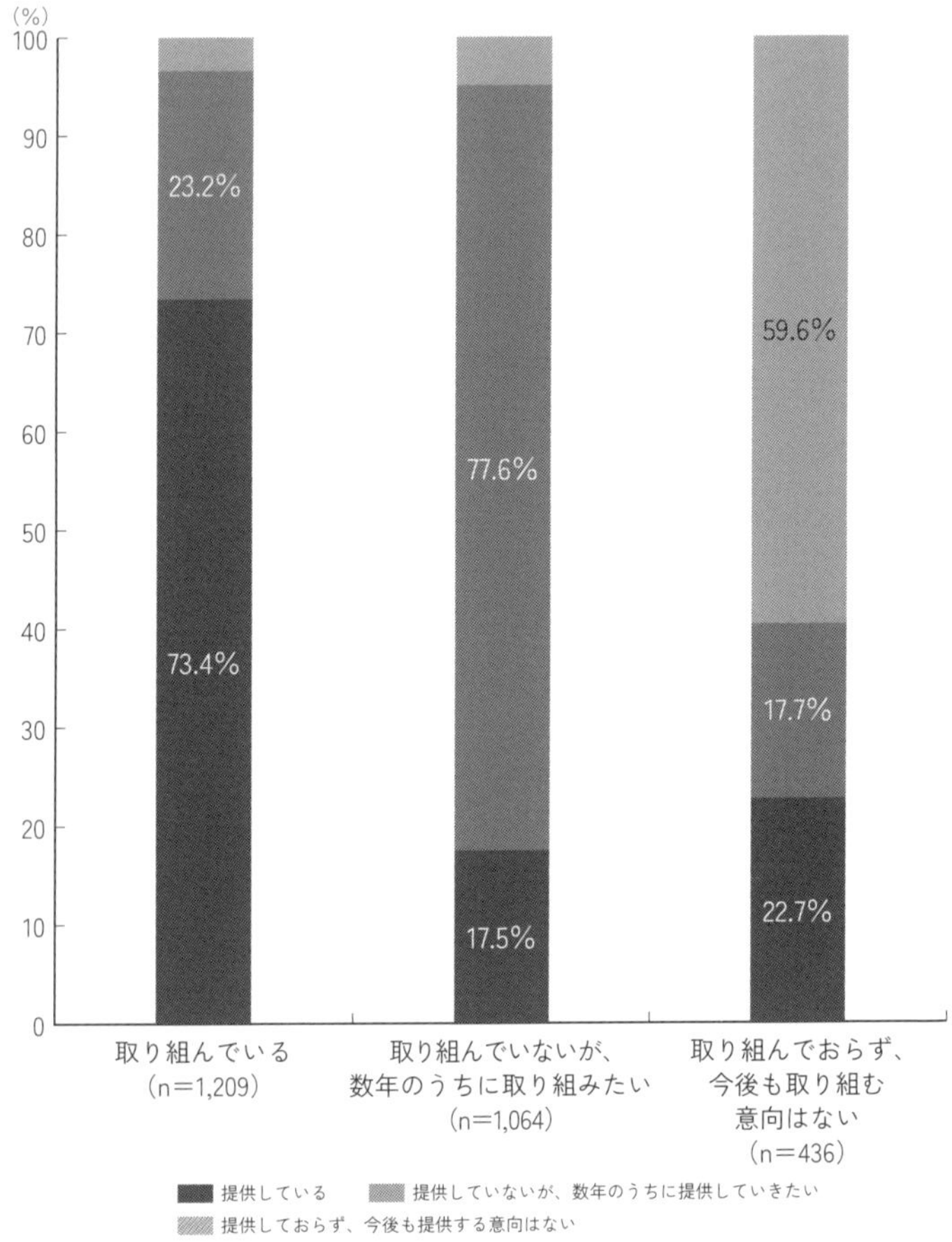

資料：(株) 帝国データバンク「中小企業の成長に向けたマネジメントと企業行動に関する調査」
(注) ここでいうリスキリングとは、今の職場で必要とされるスキルの大幅な変化に適応するために、必要とされるスキルを獲得することを指す。

出典：2023中小企業白書

●基本給の種類

・年齢給（勤続給）…従業員の年齢、勤続年数をベースに賃金が決まります。
・職能給……………従業員の職務能力をベースに賃金が決まります。
・職務給……………従業員の担当する職務（仕事内容）をベースに賃金が決まります。
・役割給……………従業員の役割をベースに賃金が決まります。
・業績給（成果給）…従業員の達成した業績、成果をベースに賃金が決まります。

これまで日本企業の大多数が採用していたメンバーシップ型雇用では、基本給を職能給で計算していました。右にもあるように、賃金を決める基準となるのは、従業員の職務能力です。

問題は、従業員の能力をどのように判定するかという点です。その辺が極めてあいまいであり、結果的には年齢給と同じように、従業員の学歴、年齢、勤続年数で決めていました。勤続年数3年だから、これくらいできるだろう、という大雑把な判断で決めていたわけです。

つまり、職能給というタテマエのもとに、いわゆる年功序列の賃金制度が敷かれていました。

賃金は基本的に等級制であり、同期入社の従業員は賃金もほぼ横並びで、年齢や勤続年数によって、賃金は決まった金額だけ上がります。部署を異動したとしても、賃金は人に紐付いているので変わることはありません。

しかしジョブ型雇用では、賃金は仕事と紐付いているため、年齢や勤続年数、入社年次に関係なく、ある職種に就いた者は、あらかじめ決められたその職種に対する賃金を受け取ることになります。

中小企業がジョブ型雇用を導入する最大の狙いは、将来有望な期待人財の若手社員を大企業に引き抜かれないようにすることです。たとえ年齢が若くても将来有望な期待人財には、それなりに高い賃金を払いたいわけです。

一方、中小企業がジョブ型雇用を導入する最大の難点は、それまでの賃金制度をメンバーシップ型からジョブ型につくり替えなければならないことです。

メンバーシップ型の賃金体系は基本的に職能等級制なので、賃金の計算方法も極めてシンプルでした。

ところが、私が推奨している中小企業版ジョブ型雇用では、賃金規定を従業員一人ひとり変えるようにお願いしています。若手の期待人財には高い賃金を払いたいですし、中高年の安定人財にはできれば賃金を抑えたいのです。

この2つの課題を同時に実現するには、賃金を支払う仕組みも複数用意しなければなりません。このように、従業員ごとに複数の賃金規定を設けるべきところが、中小企業版ジョブ型雇用の大きな特徴です。

とはいえ、中小企業の場合、すべての従業員の賃金規定を変える必要はありません。なぜなら、従業員全体の7割くらいが現状維持派の従業員だからです。そのような人たちについては、従来のものを踏襲して従来どおりに賃金を支払えば、不平不満は出てこないはずです。

ジョブ型雇用の導入で新たな賃金規定が必要になるのは、従業員全体の1～2割を占める期待人財の人たちと一部の高度安定人財の人たちです。これから経営者および人事部、経理部の人にお願いしなければならないのは、一人ひとりの異なる賃金規定を策定することです。

ここで注意点を挙げるとすれば、「同一労働同一賃金」の原則で、期待人財と安定人財で賃金体系を変える場合、同様の業務をしているのに賃金が異なるのは問題になります。直接の罰則はありませんが、格差が大き過ぎる場合は損害賠償等の訴訟に発展する恐れがあります。

職務等級制の評価基準を明確化

期待人財の賃金規定を考える際に、まず定めなければならないのが賃金ポリシーです。賃金ポリシーとは、当社は従業員の何を評価して賃金を決めるのか、という規定です。これについては、すでに大枠が決まっています。

ここではジョブ型雇用における期待人財の賃金を決めるのですから、当然、年齢給や職能給であるはずがなく、もちろん職務給になります。つまり、本人が従事する仕事の内容で基本給を決めるべきです。

ただし職務給の場合でも、やはり等級の賃金テーブルは決めておかなければなりません。将来的に、賃金が何を根拠にしてどのようにアップしていくのか、あるいはダウンしていくのか、会社側も従業員側も納得するような明解なルールが必要です。

事前にルールが決まっていなければ、有望な若手社員の賃金は社長のお手盛りなどと批判されかねません。このように職務給に等級制度を採り入れる形を職務等級制といいます。

等級をいくつ設定するかは、その企業の従業員数によって違ってきます。私の経験則でいえば、従業員100名以下の企業なら1等級～6等級くらい、100名以上1000名以下の企業なら1等級～8等級くらい、1000名以上の企業は1～10等級くらいが標準的なところです。それらより少な過ぎると、同じ等級の人が何人も存在してしまうので、それぞれの差別化が難しくなります。

等級の数が多過ぎると、それぞれの等級の意味づけに説得力がなくなり、賃金規定そのものが分かりにくくあいまいになってしまいます。

具体的な等級の数、それぞれの等級で支払われる賃金は各企業が独自に決めるしかありませんが、一般的にはこれまでの規定やその業界での慣例に従い、同業他社との兼ね合いを見て決めていくことになります。

もちろん、優秀な期待人財を大手に採られないための賃金規定ですから、同業他社よりも高めに設定すべきです。大手企業並みとまではいかなくとも、それに近い線は何とか確保したいところです。

次に決めなければならないのがジョブ型職務給の人の評価制度、つまり、期待人財の仕事の評価です。職務等級制の等級は会社側の評価によって上がっていくので、何をどうすれば会社に評価されて等級が上がるのか、会社側と従業員できちんとコンセンサスが取れていなければなりません。

評価制度に、定まった決まりはありません。もちろん公平・公正という大前提はありますす。しかし、評価そのものがフェアであり、評価基準が首尾一貫しているのであれば、あとは企業文化や評価する人間の考え方の違いにより、いろいろな評価方法があり得ます。

過程はともかく、あくまでも従業員がなし得た結果を重視するのか、結果に至るまでの過程も評価するのか、あるいは、他の従業員を鼓舞しフォローするチームワークと協調性を大切にするのか、何を基準にするのかはさまざまです。

とはいえ、ここで私がお勧めしたいのは、キャリアパスとリスキリングの内容を賃金規定に盛り込む手法です。

私が定義している期待人財とは、仕事、趣味、人生において何かしらの目標をもち、それに向かって新しいことにチャレンジしたいと燃えている、上昇志向の強い将来有望な若手社員です。その本人の特性は、この賃金規定策定の段階に至るまでのこれまでの面談で、次のように明らかになっているはずです。

◎本人がチャレンジ精神をもっていること（調査票を記入する面談のとき）

◎本人が人生・趣味・仕事上でかなえたい夢や目標をもっていること（お互いの職務定義書をすり合わせる面談のとき）

◎その夢や目標の達成が自分の仕事や会社にとってプラスになること（お互いの職務定義書をすり合わせる面談のとき）

◎夢や目標を達成するためにどんなスキルや職歴が必要か、本人にある程度見えている

こと（キャリアパスとリスキリングを相談する面談のとき）

◎必要なスキルやキャリアを体得し経験するために、どんな学びが必要か理解していること（キャリアパスとリスキリングを相談する面談のとき）

◎その学びが達成されると、自分の仕事や会社にとっても大いにプラスになること（キャリアパスとリスキリングを相談する面談のとき）

この期待人財は仕事上や人生の目標を実現しようと燃えていて、そこに至るまでの道筋が見え、その道筋を歩むために必要な努力についても理解していると考えられます。そうであるなら、その努力が少しずつ実を結び、会社の期待どおり1段1段レベルアップするたびに、賃金もアップさせればいいのです。

そうやって夢や目標に向かう階段を昇るごとに、賃金も少しずつ上がっていくことは、いろいろな意味で理にかなっています。目標に近づけた喜びと、賃金が少しアップした喜びが重なれば、その相乗効果で喜びは3倍4倍にもなるし、本人のモチベーションも上がり、もっと頑張ろうと決意を新たにするはずです。

こうしたプラスの循環をつくり出せることが、真に望ましい賃金規定のあり方だと思います。

期待人財の流出を防ぐための独自の手当

なお、実際の賃金は基本給以外に、必要に応じて各種手当が支給されます。一部の手当は法律で支給が義務づけられていますが、企業側が任意に設定できる手当もあります。

期待人財の流出に歯止めを掛けたいが、基本給は諸般の事情でなかなか高く設定できないときは、期待人財向けに独自の手当、例えば「資格手当」「資格チャレンジ手当」などを新設するという手もあります。

一般的な手当には図のようなものがあります。

各種手当のほかに、賃金規定のなかで決めておかなければならない事項があります。賞与と退職金です。

賞与に対する考え方、すなわち評価方法、計算方法、支給の基準、金額等は企業ごとに千差万別なので、一概にはいえません。基本的には、ジョブ型雇用導入前の考え方に準拠すればよいと思います。

退職金については、世の中の動きとしては減額の方向に動いているようです。2023年6月に岸田政権が公表した「骨太の方針」では、労働流動性を高めるため、「勤続20年を超えた場合の退職金に掛かっていた税制上の優遇措置を見直す」とされました。

従来の終身雇用・年功序列という働き方が見直されるなか、退職金制度は多くの企業でも見直されるようになると思います。

なお、期待人財、安定人財を含め賃金制度を改変する場合は、どこかに不具合が生じないか、賃金支払いのシミュレーションで確認する必要があります。問題がなければ、今度は就業規則をそれに合わせて書き換えなければなりません。それらの変更は、役員会や取締役会などでの承認を得て実行されます。

また、賃金規定、就業規則の変更は改めて全従業員に周知する必要があり、新たな条件による雇用契約書の再締結も求められます。

そうした一連の作業を経たうえで、新たな賃金規定と就業規則は所轄の労働基準監督署に書面で提出しなければなりません。

各種手当

◎法律で定められているもの

①残業手当：法定労働時間を超えて働いた場合の割増賃金、通常賃金の25%割増（60時間を超えた時間は50%割増）

②深夜残業手当：22時－翌朝5時に働いた場合の割増賃金、残業手当の25%割増

③休日出勤手当：休日に出勤し働いた場合の割増賃金、就業規則に記載された法定休日の場合は35%割増。それ以外の休日（法定外休日）の場合は通常賃金
（ただし、残業があれば残業手当、深夜残業であれば深夜残業手当がつく）

◎法律の定めがないもの

①通勤手当：通勤で発生する交通費実費を支給、上限金額が決められている場合もある

②出張手当：業務で出張した場合に支給される

③役職手当：役職に応じて支給される。一般的には主任が5,000円－1万円、係長1－3万円、課長5－7万円、部長8－15万円程度

④家族手当：扶養家族がいる場合に支給される

⑤住宅手当：従業員の住居の賃料に応じて支給。「家賃補助」という場合も。持ち家の住宅ローンは基本的に不可

著者作成

地方鈑金塗装業会社が期待人財の流出を防いだ待遇改善

実際にジョブ型雇用を導入した中小企業が期待人財に対してどのように対応し、どんな賃金規定を適用したか、私が以前、ジョブ型雇用導入の手伝いをした、鈑金塗装業を営む企業を例に挙げます。

地方の鈑金塗装業の企業に勤める入社4年目のBさんは、等級制度でいえば3等級（主任）で賃金が額面25万円でした。本人は溶接技能に優れていると自覚しており、会社側もそれを認めています。

そこでBさんは、自分にこれだけの技能があるなら、より賃金の高い会社に転職したいと考えました。

Bさんの転職希望はたまたま社長の耳に入ります。社長から相談を受けた私は、ジョブ型雇用の導入の検討を提案しました。幸い、人材開発部の責任者は社長の息子であり、あらゆる面で意識の高い人だったので、私たちと二人三脚でジョブ型雇用導入という人事制度改革に取り組んでくれました。

社長と人事開発部の責任者はBさんと何度も面談を重ね、お互いに職務定義書に必要事項を書き込んでは持ち寄り、さらに討議を継続しました。

そして最初の面談から2カ月後、将来に向けての新たなキャリアパスやリスキリング計画、個別の賃金規定改定の3項目について、おおよそ5年先までの未来予想図を会社側とBさんで共有するに至りました。

その結果、Bさんは少なくともあと5年間、この企業で頑張ってみようと決意しました。さらに3カ月後にはBさんに関する新たな賃金規定改定案がまとまり、Bさんは新たな雇用契約書にサインしました。

現在では、新たな賃金規定のもとで育ってきている若手も数人います。ジョブ型雇用の導入で、企業全体の人件費は増大しましたが、それを補って余りある利益をもたらしており、社長も人材開発部部長も、ジョブ型雇用導入は成功だったと評価してくれています。

なお、会社側とBさんと共有した事項は次のとおりです。

①新たなキャリアパスについて

２０２０年

溶接の得意なメンバーを選び、溶接チームを新設し、Ｂさんをチーム長に。取引先からの口コミを中心に営業活動を随時開始し、溶接業務だけの新規案件を受注できる体制を整える。

２０２３年

溶接事業部推進室を立ち上げ、Ｂさんを室長に。

溶接業務を、会社の基幹事業に成長させるため、さらに営業活動を続ける。併行して、従業員の溶接技能の維持・向上を図るため、溶接技能研究プロジェクトを発足、Ｂさんをリーダーもしくは技術参与とする。

２０２５年

溶接事業部を設立し、Ｂさんを事業部長に。

以後、溶接にとらわれない新たなビジネスを開発するか、溶接事業の海外進出、または溶接事業の他社との業務提携など、新たな展開を探る。

2030年

溶接事業部を分社化し、海外または他の大都市圏に展開。Bさんを総責任者に。

②リスキリングについて

2020年

溶接チームを率いるためのリーダーシップを体得するため、セミナーのリーダーシップ研修（2週間）に参加。自己啓発本など、随時独学も進める。営業センスとコミュニケーション力を高めるため、自社営業担当者の営業活動に同行し、社内勉強会を開く。マネジメントの勉強も始める。

２０２３年

営業活動を本格的に始めるため、外部の営業力強化セミナー、勉強会に参加。事業部を率いるために、マネジメント研修等を受講。溶接技能の研究のため、業界団体、高専、職業訓練校などに働きかけ、勉強会や技能講習会を開催。メンバーを送り出すほか、自身も参加。将来の海外展開をにらみ、語学学習をスタート。テキスト、オンライン講座。

２０２５年

語学学習、マネジメント研究を本格化。

③新たな賃金規定について

２０２０年

溶接チーム長という新たな職階を設け、着任。基本給28万円＋手当２万円。以後、チームが個別に仕事を受注した場合は歩合で支給。

2023年　溶接事業部推進室長を個別に設定し就任。基本給36万円＋手当4万円。

2025年　溶接事業部長を個別に設定し就任。基本給55万円＋歩合。

この鈑金塗装業のケースの場合、ポイントは2点あったと私は考えています。

まず1点目は、Bさんが大企業に転職した場合に得られると考えている賃金の約80％を真っ先に保証したことです。そのために、それまでの等級になかった溶接チーム長という新たな職階を設けることを決定しました。将来有望な期待人財を引き止めるには、賃金を含めた待遇アップはやはり必要です。

2点目は、今後働きがいのある仕事を続けることができ、そこで結果を出せば、待遇も仕事の働きがいもさらにアップしていくという、Bさんが希望する未来予想図を会社側と共有できたことです。

社員一人ひとりと向き合うことができる中小企業

このように職務定義書を企業側と社員ですり合わせることにより、社員の新たなキャリアパスを提示することができるのです。

また、そこに至るまでに必要なスキルを社員に身につけてもらうよう取り組むことで、社員自身にもその企業で働く未来の自分を明確にイメージしてもらえます。それによって、定着率は上がります。

中小企業だからこそできる柔軟な雇用形態を行うことで、期待人財の流出を防ぐことができます。

リスキリングの開口を狭めることなく、貴重な人材の将来を見据えてスキルを身につけてもらうことは、新しいビジネスチャンスを見いだすなど中小企業にとって必ず大きな転機となるはずです。

大手企業への流出を防ぐためには、社員一人ひとりに適した取り組みをすることが重要であり、そのような中小企業は、人材の流出を防ぐだけではなく、優秀な人材から進んで集まってくるような企業価値が高い企業になれると思います。

第5章

多様な働き方に合わせた賃金規定の変更で中小企業は今いる社員のパフォーマンスを最大化せよ

ジョブ型雇用を恒常的な取り組みにする

どんな制度にもいえることですが、新しい制度は導入してそれで終わり、ではありません。最初からすべてが完璧な制度など存在しないので、導入して一定の時間が経ってから、新制度導入の効果を見極め、何か不具合があれば改善し、制度を修正していく必要があります。

そうやって、あなたの会社のジョブ型雇用が制度としての完成度を高めていけば、ジョブ型雇用は単なる一過性のものではなく、恒常的な取り組みになります。

そして、従業員を人的資本として大切にする取り組みは、やがて社風となり、従業員を大切にする企業として社会的に認められ、評価されるようになります。

ジョブ型雇用を成立させているのは会社と従業員の密度の高いコミュニケーションです。両者は実際にジョブ型雇用が導入されるまで、最低でも次の4回、1対1の面談を重ねています。

①調査票をもとに従業員のチャレンジ精神を見極める面談

②従業員の仕事・趣味・人生における目標を聞き出し、会社とともに歩める道はないかを探るための職務定義書を巡る面談

③仕事・趣味・人生の目標に向かっての従業員のキャリアパスを描き、それに近づくためのリスキリングの可能性を探る面談

④新たな賃金規定を互いに確認するための面談

会社代表として面談に臨むのは、社長・役員・もしくはキャリアコンサルタントなど業務委託された外部の人間となります。原則として、1回目の面談を行った者が寄り添い人として最後まで従業員に寄り添います。

導入後のアフターフォローのための1対1面談も、それまでの経緯をすべて把握している同じ寄り添い人が担当すべきです。導入して6カ月後、1年後、1年半後など、時期を

決めて近況を確認します。

その際、資料として使用するのが、会社側と本人側でそれぞれ作成した職務定義書です。この定義書を見ながら聞き取る主な項目は、現在担当している仕事の楽しさ・難しさ・働きがい、職務上、気になっていること、リスキリングの進捗状況、趣味や家族などプライベートの状況、これから6カ月後、1年後、3年後の展望、会社や新制度に対する意見・要望などになります。

リスキリングが当初の狙いより効果を上げていなければ、別の学習法にスイッチする必要があります。

またもし、新制度に関する何らかの問題点が明らかになった場合、役員会や取締役会、人材開発室（人事部）との担当者会議などで対策を議論することになります。

このアフターフォロー面談の目的はもう一つあります。それは、賃金の査定に関係してくる、目標到達度に関する自己評価を確認することです。

新制度に移行するタイミングで設定していた、自分が目指す短期目標と会社が期待することがどの程度達成できているかについては、会社の上司もきちんと査定しますが、本人が感じている手応えも重要なポイントです。

会社側が、ある程度達成していると評価していても、本人が全然達成できていないと感じていれば、両者の方向性に齟齬があるということになります。本人の目標と会社の目標が成立しないのであれば、お互いに方向性をリセットする必要があります。

とにかく、会社側と本人が納得するまで話し合うことが大切です。話し合うことで、本人が目標に向かう精度も、会社側のサポートの精度も、そして制度そのものの精度も高まります。

会社と従業員のコミュニケーションが密になり、社内の風通しが良くなることも中小企業版ジョブ型雇用を導入するメリットの一つです。

中小企業と従業員の「お互い様」の関係を築く

中小企業版ジョブ型雇用では基本的に、会社側と従業員の立場は対等です。ですから、職務定義書も本人用、会社用と2通作成し、両者のすり合わせをしながら、両者が納得できる形で職務内容や将来の目標などを決めていきます。

その点が、いわゆる大企業の職務定義書と決定的に違うところです。大企業の場合は会社側からの一方的な上から目線で決められてしまうケースが多く、従業員個人の意向などほとんど考慮されていません。その人物が会社側の設定した職務定義書に適合する人なら雇用するし、適合しなければ雇用しません。

会社と従業員の関係は極めてドライでシンプルなものです。そして、それが本来のジョブ型雇用のありようでもあります。

一方、中小企業はそこまでドライには割り切れません。ネームバリューや待遇面では大企業にとてもかなわないと自覚しており、大企業と同じことをやっていたら優秀かつ必要な人材を確保できないと分かっているので、従業員に対して、より寄り添う形を取らざるを得ません。

このような中小企業と従業員の関係を、私はしばしばお互い様と呼んでいます。理想をいえばキリがないけれど、企業と従業員がお互いに一歩ずつ引いて、少しずつ我慢し合う関係なのです。

人的資本経営のそもそもの出発点は、従業員を人的資産として大切に扱うことを重視しているため、中小企業の従業員への接し方こそ、人的資本経営が本来あるべき姿なのではないかと考えています。

そういう意味では、大企業側は、中小企業版ジョブ型雇用から従業員に寄り添う姿勢を見習うべきです。

キャリア志向の求職者を誘う就業規則

中小企業版ジョブ型雇用は、時代のニーズに適応した働き方です。このポイントをもっと社会に広く発信すれば、就職活動中の大学生をはじめ、多くの求職者に魅力ある職場として見られるはずです。

そもそもは、優秀で前途有望な期待人財を会社につなぎ止めておくための施策だったジョブ型雇用ですが、社会へのアピールの仕方によっては、中小企業の恒常的な採用難に風穴を開ける、画期的な雇用形態になり得るものです。

そのためにも、人的資本経営と中小企業版ジョブ型雇用を単なる流行やその場しのぎのアイディアに終わらせるのではなく、それらが自社の人的資本経営の根本をなす普遍的な戦略であることを証明するため、自社の就業規則にそうしっかり明記しておくことは有効な方法です。

例えば、一般的な企業の就業規則では、次のような目次になっています。

第1章　総則
第2章　採用、異動等
第3章　服務規律
第4章　労働時間、休憩及び休日
第5章　休暇等
第6章　賃金
第7章　定年、退職及び解雇
第8章　退職金
第9章　無期労働契約への転換
第10章　安全衛生及び災害補償
第11章　職業訓練
第12章　表彰及び制裁
第13章　公益通報者保護

第14章　副業・兼業

こうした就業規則のうち、人的資本経営と中小企業版ジョブ型雇用の導入に向けて書き換えが必要になるのは、キャリアパス&リスキリングと関連する「第11章　職業訓練」の記載です。

一般的な就業規則では、おそらく次のように書かれているはずです。

（教育訓練）

第○○条　会社は、業務に必要な知識、技能を高め、資質の向上を図るため、労働者に対し、必要な教育訓練を行う。

2　労働者は、会社から教育訓練を受講するよう指示された場合には、特段の事由がない限り教育訓練を受けなければならない。

3　前項の指示は、教育訓練開始日の少なくとも2週間前までに該当労働者に対し文書で通知する。

この条文を書き換えるなら、次のようになります。

（教育訓練）

第○○条　会社は、労働者を貴重な人的資本と位置づけ、その資本価値を高めるため、労働者が希望する教育訓練を受けさせなければならない。

2　労働者は、自らの人生の目標、業務上または私的な目的を達成するため、もしくは必要な資格を取得するため、有効な教育訓練法を会社と協議し、決定し、その訓練を受ける権利をもつ。

3　会社は、人的資本である労働者に投資するため、労働者の受ける教育訓練の費用を負担しなければならない。

この条文がうたっているのは、人的資本である従業員の受けるリスキリングについてですが、企業の憲法ともいうべき就業規則にこう明記されていれば、会社側は従業員のリスキリングをサポートし、その費用を負担せざるを得ません。

つまり、従業員のリスキリングを受ける権利が保障されるのです。

ここから先は少し専門的な話になります。就業規則で従業員のリスキリングを受ける権利を保障していれば、それに合わせて会社はリスキリング規定をつくることができます。実際にリスキリング規定をつくっている会社はまだないと思いますが、つくるとすれば現行の退職金給付規定に準ずるものになります。

従業員のリスキリングを受ける権利が保障され、リスキリングに対して支払われる金額まで明確に基準が示されていれば、上昇志向、キャリア志向の強い求職者にとって、応募を促す強力なアピールポイントになります。求人・採用関連の書類に、入社すれば、さまざまな再教育が上限○○万円まで無償で受けられることを書くことができますし、採用面接時にも、人的資本投資として、従業員一人あたりのリスキリングや資格取得に掛かる費用をサポートしているとアピールすることができます。

さらに、本人にとってどのようなリスキリングが必要かは、会社と本人が対等の関係で話し合って決めていきます、と付け加えれば、会社の規模が小さくても働きがいがありそうだ、と好印象を与えることができます。大企業や同業他社との人材獲得競争においても、それだけ勝てる確率が高まります。

中小企業は副業も分社化も大歓迎

人的資本経営という言葉に引っ張られるわけではありませんが、日本経済のこれからを見据えたとき、人こそがやはり財産なのだと改めて思います。

資源も何もない日本が第二次世界大戦後に経済を大きく発展させることができたのは、勤勉に働く国民性に加え、鉱工業生産において高度な技術力と高い生産性を維持できたからです。

ところが、高度成長期を終えて安定成長期、バブル期、バブル崩壊と時代を重ねるにつれて日本の国際競争力は衰退の一途をたどり、この30年間は一人負けの時代になっています。もはや工業生産力に依存する時代を過ぎた今、これからの日本は何を武器に戦っていくべきかと考えたとき、武器にできるのはやはり、人しかないのではないか、と気づくわけです。

中小企業版ジョブ型雇用における職務定義書が大企業作成の職務定義書と決定的に違うのは、個人の事情を最大限考慮している点です。大企業の職務定義書に人生の目標や将来の夢を書く欄などありませんが、中小企業版では、職務に直接関係のない人生設計や趣味についてもできるだけ詳しく書いてもらいます。

なぜなら、中小企業は仕事という一点で従業員とつながるのではなく、従業員の人生そのものに寄り添うべきだと考えているからです。そのため仕事関係に限定することなく、できるだけ個人的なことを書くよう推奨しています。

そのうえで、人それぞれの多様性を認め合うことが、私の言う「十人十色の豊かな人生」であり、SDGsでいうところのダイバーシティでもあるわけです。

そして、さらにいえば、そんな人それぞれのさまざまな夢や希望のなかで、企業活動と少しでもリンクする部分があるのであれば、その夢に向かってともに歩み、一緒に夢を実現させることを呼び掛けたいと思っています。

日本は確かに資源のない国ですが、働く人一人ひとりのなかに眠っている資産、まだ使われていない資源があるのではないかと思います。

例えば、世界一周クルーズについて詳しく調べている人が飲食業界に勤めているなら、世界各国の有名な寄港地にちなんだ寄港地うまいもの市を企画してみるとかです。教育関係に勤めている人なら、世界寄港地・子どもサミットをオンラインで開催してみるといった具合です。いまや、何がビジネスになるか想像もつかない時代です。従業員個々人の趣味や特技が仕事とコラボすることで化ける可能性だってあります。そういう視点で一人ひとりの従業員を見ることも、人的資本経営の一つのあり方です。

副業をするのも、分社化するのも、中小企業であれば話が早いです。大企業の場合は、さまざまな部署の上長の決裁が必要だったり、法務部門で審査されたり、最終的には上層部に判断を仰いだりと、とにかく手間と時間が掛かってしまい、事業化に最適なタイミングを逸してしまいます。鉄は熱いうちに打て、のことわざどおり、話題が最高に盛り上がっているときに事業化しなければ、失敗する可能性のほうが大きいといえます。

その点、中小企業なら、社長の了承を得ることができればすぐに行動に移せるから展開が速いのです。

一般的な就業規則により、従業員の副業や兼業を会社側が許可しないのは、以下の5つのケースです。

①本業の勤務時間中に副業・兼業する場合

②労務提供上の支障がある場合

③企業秘密が漏洩する場合

④会社の名誉や信用を損なう行為や、信頼関係を破壊する行為がある場合

⑤競業により、会社の利益を害する場合

これら5つに該当せず、長時間労働で本人の健康を害する恐れがなければ、副業・兼業は認められます。分社化して独立すれば、もちろん元の会社の就業規則の規制外となります。

むしろ中小企業の場合は、事業チャネル・販売チャネルを少しでも拡大したいはずですから、本業に重大な支障を生じさせないことが明らかであれば、副業も分社化も大歓迎のはずです。

ここで一言付け加えておくと、中小企業版ジョブ型雇用では、このように人それぞれのさまざまな働き方を応援できるのです。

雇用契約期間「10年で一区切り」という考え

ジョブ型雇用は、若手有望株の期待人財を会社につなぎ止めておくのに有効です。ここで改めて考えておきたいのは、会社に必要な人材を何年間つなぎ止めておくのがいいのか、です。

終身雇用・年功序列の昭和の時代、中小企業といえども従業員は定年まで勤め上げるのが当たり前でした。あれから時代は変わりましたが、優秀な人材にはできるだけ長く、できれば定年まで働いてほしいというのが中小企業経営者の本音だと思います。

しかし令和の今、終身雇用を従業員に望むのは難しいし、時代に合いません。ちょっと意地悪な言い方をすれば、労働者の勤め先である企業本体でさえ、この変化の激しい時代にいつまで存続できるのか、誰にも分からない時代です。

それでも、中小企業経営者の多くは、たとえ口には出さなくても、優秀な人材には一日でも長く自社で働いてほしいと願っているはず。

転職やダイレクトスカウトが当たり前の今の時代、従業員に望むのは最長でも10年と考えておくべきです。人生100年時代ともいわれ、さまざまなことに再チャレンジできる時代になっているのですから、従業員もとりあえず10年ほどで辞めていくと考えておくのです。

つまり、10年で一旦卒業、あるいはプロ野球選手のように10年でFA（フリーエージェント）です。そのあと10年間契約を延ばすかどうかは、会社側と従業員の話し合いで決めるべきです。10年一区切りを誰にでも分かりやすく制度化するため、勤続10年でとりあえず退職金を支給する、という方法もあります。

私たちの社会保険労務士業界でも同じことがいえます。10年掛けて、一人前の社労士に育て上げた大切な人材はずっと自社で、できれば定年まで勤め上げてもらいたいです。

そう思うのは当然の願いだと感じますが、相手にもさまざまな思いや背景があります。10年で卒業し、そのあと独立、もしくはパートナー社労士契約などいくつかの選択肢を用意したうえで双方の話し合いでどのような結果になるのか、というように相手のことも考えておく必要があります。

雇用者と被雇用者はあくまでも対等の関係であるべきだと思います。それが双方にとってのお互い様だと思うからです。

従業員の離職兆候

従業員一人ひとりに合わせた賃金体制を行っても、退職をしてしまう従業員はもちろんいます。一般的に従業員の退職理由というのは、給与が低い、社内の人間関係、評価・人事制度に不満、社風が合わない、などさまざまなことが考えられますが、経営者の強い思いが原因で従業員の離職を加速してしまうことがあります。経営者であれば、売上・業績等の向上を特に強く思うタイミングがあるはずです。経営者としての考えや思いによって、従業員に多くを求め過ぎ、それにより窮屈に感じてしまう従業員が選択肢の一つとして退職を選んでしまうケースがあります。

例えば、売上を伸ばそうと意識するあまりに、従業員に経営者目線をもつ必要性を説いたり、作業としてのフローが確立してない段階で、なぜ効率良く作業ができないのだと一喝したりしてしまうことなどです。

また、ほかの従業員に発言したことを見たり聞いたりしていた従業員が退職をする場合もありますし、信頼している仲間が退職を決意していることから自分も辞めようかなと考えてしまう従業員もいると思います。経営者が思っている以上に、従業員は経営者の言葉や態度の変化に敏感ですし、従業員同士のつながりは強いです。

退職を決意した従業員の行動は変化に表れます。分かりやすい例ですと、ほかの企業の面接を受けるため、有給休暇や早退が増えることが挙げられます。もちろん、有給休暇は従業員の権利ですので、問題はありません。突如そのような行動が増加した場合に、離職の可能性があると経営者は考え、その従業員にとどまってもらいたいのであれば、面談などを行う必要があります。まずは、経営者として従業員に強い思いを無理強いしていない

離職兆候のチェックリスト ※2つ以上チェックが入ると要注意※

No	チェック項目	☑
1	目を見て挨拶をしなくなった 挨拶時の目線は気持ちが表れます	☐
2	愚痴や不満が増えた まだこの段階ではしっかり向き合えば離職を防げる可能性があります	☐
3	逆に今まで愚痴や不満が多かった人が言わなくなった 諦めたのか転職が決まったのか、危険信号です	☐
4	一人でランチを取ることが増えた 離職前はコミュニケーションを避けるようになります	☐
5	会社の飲み会に参加しないことが増えた 特に勤務時間外の関わりには消極的になります	☐
6	服装や髪形などの身なりが変わった 転職活動を始める際に身なりを整える人は多いです	☐
7	遅刻や早退が増えた 今までなかった人の場合は特に要注意です	☐
8	スマホや携帯電話を持って離席することが増えた 転職活動の連絡を取っているのかもしれません	☐
9	慌てて帰ることが増えた 面接に遅れないように慌てているのかもしれません	☐
10	業務を積極的に引き受けなくなった 辞めるときの引き継ぎを考えているのかもしれません	☐
11	雰囲気が急に明るくなった 転職先が決まった可能性があります	☐
12	ミーティング時に発言をしなくなった ミーティング時の発言量には興味関心度合いが顕著に表れます	☐

著者作成

かを見直すことが大切です。

従業員の日々の言動を見ていなければ分かりませんが、従業員を資本として重宝しているのであれば従業員の変化には気づきやすいと思います。では、どのような従業員の変化が、離職する傾向があるのかチェックリストを作成しました。チェック項目が2つ以上あると、要注意と考えるべきです。

世の中がお互い様という
ウェルビーイングで満たされていくために

この人材超流動化時代だからこそ、中小企業はヒトという資本を大切にし、奪われないように戦略を立てていかなければなりません。従業員一人ひとりに合わせたキャリアパス制度、リスキリング、雇用形態などの取り組みは中小企業のこれからに希望の光を与えることは確かです。

しかし、人材流出・人材確保ばかりを意識するあまり、戦略のみに重点をおかないように注意する必要があります。

あくまで重要なのは従業員一人ひとりに歩み寄り、企業が従業員を尊重することであり、取り組みという枠が主体ではないのです。

経営者からして見れば、いかに期待人財を増加させ、組織力を高めていくかを考えますが、もしかするとその意識が強過ぎるあまり従業員が期待人財になる可能性を拒んでいる場合があります。

そのような意識が高過ぎる経営者がいる企業では、従業員の間でも、やる気がある期待人財のほうが安定人財より偉いという間違った考えが蔓延してしまいます。

そのため、その業界に興味を抱いて入社した期待人財候補の従業員であっても、社内の環境についていけなければ、仕事に対する気力を徐々に奪われていきます。相談できる上司がいなければ、ゆっくりと人知れず転職活動を始めてもおかしくありません。

また、安定人財思考なのに、そのような企業の体制に気を遣うあまり面談や職務定義書で期待人財のような目標を掲げてしまえば、働き方を無理強いしているのと同じですので、その従業員のモチベーションが下がり、ほかの企業へと流出してしまいます。そうなれば、本末転倒といっても過言ではありません。

従業員を期待人財・高度安定人財・安定人財にカテゴライズする目的は、従業員に適した賃金体制を一人ひとり明確にするためだけなのです。売上や業績に直接的に関わっているのは期待人財だと思いますが、安定人財という縁の下の力もちがいなければ組織としては成り立ちません。

もちろん、自分たちで起業した数名のベンチャー企業であれば、全員が期待人財の精神をもっている可能性は高いですが、5年、10年、50年……と企業として歴史をもつようになれば必ず安定人財に助けてもらう必要が出てきます。

そのため、私は企業と従業員の50：50の関係だけでなく、期待人財と安定人財の関係も50：50でなければならないと考えています。

つまり、十人十色の多様性を受け入れるのは企業だけにとどまらず、一人ひとりを互いに尊重できる関係性を築ける従業員同士の関係が大切なのです。

近年、「ウェルビーイング（well-being）」という言葉が再び注目を集めています。もともとは、世界保健機関（WHO）憲章の前文に見られる、単に病気でないだけでなく肉体的、精神的、社会的にすべて満たされた、健康で幸福な状態を指していました。

ところが、2015年以降、国連が採択した「持続可能な開発目標＝SDGs」に関連づけられた形でビジネスシーンでも使われるようになり、働くことを通して得られる幸福感、満足感、あるいは満足感が得られる働き方をも意味するようになりました。

このウェルビーイングという発想は多様化している現代社会にとてもフィットすると考えられています。さまざまな人の仕事や人生に対する価値観を完全に理解することは難しいですが、尊重し歩み寄ることはできます。

私のお互い様という考え方はまさにこのウェルビーイングが根幹にあります。中小企業の賃金体制に欠かせない、従業員一人ひとりのための取り組みは、まさにウェルビーイングといえるのです。

このウェルビーイングをビジネスへと昇華している企業があります。そこでは、宿泊施設や農園などの事業を展開し、顧客だけではなく、地域住民、従業員など旅館に関わるすべての人が幸福に感じてもらうというウェルビーイングに重きをおいています。

例えば、障がいがある人に、ほかの従業員と同等の賃金を支払えるように取り組んでいます。障がいがある人は仕事内容が制限されてしまう場合があるために一般的な給与より安い傾向がありますが、農園で野菜や地鶏などの世話を仕事として行ってもらい、宿泊施設に出荷します。その宿泊施設にきた顧客に料理に使われている野菜や地鶏など、誰がどのように育てたかそのストーリーをも提供します。通常の宿泊費より割高になりますが、顧客は料理の味だけではなくその材料の背景を知ることで、より特別さを感じて満足して帰っていきます。

これは、商品・サービス自体に価値を見いだしたり、それによって得られる体験に価値を見いだしたりするよりも、商品を通じて社会や環境に貢献するという社会的・文化的価値を見いだす人が増えたからだと思います。つまり、モノ消費やコト消費よりもそれを消費する意味に重きをおいている人が増加しているのです。

また、ウェルビーイングを教育の場で用いている保育園、小学校もあります。そこはさまざまな国籍の先生がいるインターナショナルスクールなのですが、子どもの頃から多文化、多言語など多種多様なことに触れ合うことができる環境をつくっています。

通常の教育は先生が生徒に「教える」のですが、ここでは生徒が「感じて学ぶ」ことを大切にしています。先生は、あくまで生徒がスムーズに学ぶことができるように、サポートをするという位置づけです。子どもの頃から多様な文化や人種、価値観に触れ合うことで、ウェルビーイングという考えを意識することなく、身につけることができます。

分かりやすくいえば、英語を習得するにあたり、机のうえだけでの勉強では実践的な活きた英語は身につかず、肌で英語を感じなければ会話ができないのと一緒なのです。

この例えで私が伝えたいことは2つあります。1つは中小企業の経営者は賃金戦略の理論のみを抽出するのではなく、従業員のウェルビーイングをも考慮してキャリアパス制度の導入やリスキリングを活用してほしいと思います。大企業と異なり、従業員に合わせた柔軟な制度を取り入れることができるのが中小企業の強みなのです。

そしてもう1つは、経営者が従業員同士で仕事や人生の考え方などの価値観を受け入れやすい環境をつくるように意識してほしいです。そうすることで、社内の雰囲気が良くなり、関係性が向上し、人材の流出を防ぐことができます。また、仕事だけではなくプライベートなことでも相談できるような仲間が増えれば、その企業の組織の絆は強固となるに違いありません。

従業員の働きやすい雇用形態により、従業員は自身の人生と仕事を結んで考え、離職率は低下します。

また、それだけにとどまらず、従業員のウェルビーイングを意識した企業として、その魅力が新しい「人財」を引き寄せるはずです。

おわりに

最後に、夢のある話をします。

2023年3月14日、大阪市中央区にある大阪城公園で、日本初となるパイロットを乗せた「空飛ぶクルマ」の飛行実験が行われました。高度は8メートルでしたが、18個のプロペラを付けた空飛ぶクルマはグラウンド上空を15分間、旋回、静止、後退するなど自由自在に飛び回り、パイロット不要の自動運転も披露しました。

2025年4月13日から開催される大阪・関西万博では、空飛ぶクルマ＝空飛ぶタクシーが来場者の移動手段として実用化される見込みです。大阪市の中心部から万博会場のある夢洲まで、クルマなら30分掛かるところを10分足らずで結ぶ計画だということです。

これまでアニメやSF映画でしか見られなかった空飛ぶクルマがあと2年足らずで、いよいよ現実のものとなるのです。今からワクワクします。

この大阪・関西万博での空飛ぶクルマ運航事業者に選定されたのが、ANAホールディングス＋ジョビー・アビエーション（米国）、日本航空、丸紅、SkyDriveの4グループです。

注目したいのが、ANA、日本航空、丸紅という日本を代表する大企業に混じってスタートアップ企業から唯一選定された、株式会社SkyDriveです。社長の福澤知浩さんは東大工学部からトヨタ自動車に入社しましたが、国民的アニメの空飛ぶ道具をつくってみたいと、2018年にわずかなメンバーで起業しました。

会社として掲げているテーマは「100年に一度のMobility革命を牽引する」です。SkyDrive社が開発している空飛ぶクルマは、近年進歩が目覚ましいドローン技術と自動車の自動運転技術を組み合わせたものです。

実用化されれば、人はわざわざ空港やヘリポートに行かなくても、玄関先から空飛ぶクルマに乗り、空を自由に飛んで目的地まで短時間で移動できます。まさに、アニメの世界が実現します。

今、私たちの暮らす日本は大きく様変わりしようとしています。いえ、日本だけではありません。インターネットなどさまざまなネットワークで結ばれた世界中の人々が、今この瞬間にも、激変する社会にさらされています。

新型コロナやウクライナ戦争など、変化は必ずしも良いことばかりではありませんが、チャットGPTなど生成AI、事故を起こさない自動運転技術、サイバー空間と現実空間の融合、地球環境に優しいグリーントランスフォーメーションなど、昨日より今日、今日より明日と、より豊かで幸福な社会を実現しようと、多くの人たちが今日も努力を続けています。

2年後に実用化が期待される空飛ぶクルマも、そのうちの一つです。SkyDrive社の健闘を目にするたびに、夢を見ることの大切さ、挑戦することの尊さを改めて感じます。

翻って、私たちに身近な日本の中小企業は今、どうしているでしょうか。夢を抱いて、明日への挑戦を続けているでしょうか。

私たちは、現在中小企業を中心に全国約680社の労務管理をサポートしていますが、ここ数年聞こえてくるのは、いい人が採れない、優秀な若手を大手に引き抜かれた、という、人材難を嘆く疲れた声ばかりです。

2021年10月、現在の岸田政権が誕生してからは、「新しい資本主義」の名のもとにジョブ型雇用の導入が進められるなど、労働市場も改変の時代を迎えています。特に2023年3月、大手の上場企業を対象に人的資本の情報開示が義務化されてからは、大企業が優秀な人材獲得により注力するようになり、中小企業はさらなる人材流出の危機にさらされるようになりました。

このままでは、中小企業の経営者に明るい未来は思い描けません。そんな危機感にかられて、私はこの本を上梓しようと決めました。

岸田政権が現在導入を進めている人的資本経営とジョブ型雇用は、一見すると、中小企業に対する強い逆風に思えます。

しかし、中小企業も現行の人材戦略を改め、自分たちなりのジョブ型雇用（これを私は「中小企業版ジョブ型雇用」と名付けました）を進めていけば、大企業の人材獲得戦略にも十分対抗できるはずです。

世の中の多くの中小企業経営者はそのノウハウを知らず、反転攻勢のタイミングが分からないだけです。だったら、私が本を書いて、多くの中小企業経営者に大切なことを伝えたいと思いました。

中小企業版ジョブ型雇用を導入すれば、多くの中小企業が人材流出の危機を未然に防ぐことができます。

また、多くの経営者と従業員が、自分なりの夢をもう一度追いかけてみようと、現実に前向きに対峙できるようになります。

そして、アニメの空飛ぶ道具から空飛ぶクルマの実用化を目指すスタートアップ企業が誕生したように、いつか多くの人が夢をかなえ、私たちの社会をより豊かに幸福にしてくれるはず……。今はただ、そんな未来を願ってやみません。

本書を最後までお読みいただき、ありがとうございます。陰ながら、中小企業経営者の皆さんのご健闘をお祈りしています。

２０２３年８月吉日

【プロフィール】
山崎隆延（やまざき たかのぶ）

1955年長野県上田市生まれ。社会保険労務士。東北福祉大学卒業後、父親が営む地元長野県にある山崎社会保険労務管理事務所に入社。入社当時100社だった顧問先を３年で３倍近くに引き上げ、1996年には山崎社会保険労務管理事務所（現：社会保険労務士法人コーチジャパン）の２代目所長に就任。ISO30414（人的資本）の考えに基づく客観的な人事制度の構築に定評があり、現在の顧問先は全国で680社を超える。

本書についての
ご意見・ご感想はコチラ

中小企業経営者のための賃金戦略

2023年8月30日　第1刷発行

著　者　　山崎隆延
発行人　　久保田貴幸

発行元　　株式会社 幻冬舎メディアコンサルティング
〒151-0051　東京都渋谷区千駄ヶ谷4-9-7
電話　03-5411-6440（編集）

発売元　　株式会社 幻冬舎
〒151-0051　東京都渋谷区千駄ヶ谷4-9-7
電話　03-5411-6222（営業）

印刷・製本　中央精版印刷株式会社
装　丁　　秋庭祐貴
イラスト　千野工一

検印廃止

Printed in Japan
ISBN 978-4-344-94706-1 C0034
幻冬舎メディアコンサルティングＨＰ
https://www.gentosha-mc.com/